歴史文化ライブラリー

211

苗字と名前の歴史

坂田　聡

吉川弘文館

目　次

「名づけ」の今日と過去

「名づけ」をめぐる諸問題

ささやかな個人的体験

のっけからいきなり私事にわたって恐縮だが、つい最近私は、勤務先の大学において入学試験の合格者宛書類の発送に立ち合い、一〇〇〇名をも超える合格者の名前を、目をしばたかせ、声を嗄らせながら、集中力を途切らせることなくひとりひとり読み上げる作業にあたった。そのリストの中には、有名人と同姓同名の名や、とても珍しい名もいくつかあって、こうした名前がでてくるたびに思わずニヤリとしてしまった。いずれにしろ、よくもまあこれほどまでにさまざまな人名があるものだと、今さらながらびっくりするほどたくさんの名前がそこには記されていた。まがりなりにも人名の歴史学的な研究にたずさわっている者として、ミスが許されないこの単純作業はものすごく気疲れしたけれども、ある意味で貴重な体験となった。

実際のところ、上の苗字にせよ、下の名前にせよ、今日の日本人の名は、まさに十人十色と言っても過言ではないほどに多種多様だと言えよう。もちろん、鈴木さんや田中さん、佐藤さんといった実例を示すまでもなく、苗字の中にはごくありふれたものもけっこうあり、これらの苗字の持ち主にとっては、学校においても職場においても地域社会においても、自分と同じ苗字で呼ばれる赤の他人がいることが、当り前となっているかもしれない。

一例をあげると、私がかつて勤めていた北海道のとある私立大学では、新入生のクラス分けを五十音順で行なっており、担任として受け持ったクラスに、年によっては佐藤君ばかりが七人も八人もいる時があった。だが、彼らは自分と同名者がたくさん存在することに対し、さほど違和感を感じる風でもなく、お互いに平気な顔をして下の名前やあだ名で呼び合っていたのを、今でもよく覚えている。

苗字と家制度の関連性

それにつけても地域的にも文化的にも近しいはずの中国や韓国の姓と比べてみた時、日本の苗字の数のけた違いの多さは、やはり際立っている。韓国人文化人類学者の崔吉城《チェキルソン》氏によれば、現代韓国の姓はわずか二〇〇あまり、人口の多い中国におけるそれが約三〇〇〇あまりにすぎないのに対し、日本の苗字は何と一〇万を超えるとのことである（「韓国人の名前に関する人類学的研究」）。

また、最近いろいろと取り沙汰されている、いわゆる「夫婦別姓」（歴史的には夫婦別苗字）の問題に目を転じてみると、周知のように今日でも中国や韓国では夫婦別姓なのに対し、日本においては夫婦で同一の苗字を用いることを法的に強制され、実際のところ、大部分の夫婦は夫の苗字を名のっている。こういった面でも両者の間には大きな隔たりが存在する。

これらの違いの要因は、どのような点に求められるだろうか。この問題は、まさしく苗字（家名）と家制度の関連性という、本書の一つの重要なテーマともかかわってくる。

あまり深入りしすぎると、本書を読む必要がなくなってしまい、まずいかもしれないけれども、細かいことはおいおい述べるとして、ここであえて結論のみを先取りすれば、古代の日本には中国大陸の唐より、律令という国家の基本法だけでなく、さまざまな社会制度も伝えられた。その一つとして姓があげられる。もっと正確に言うと、日本独特の氏姓《しせい》制度《せいど》のもとでの氏名《うじな》が、律令体制の成立後しばらくたって、中国風の姓に変容を遂げたわけで、この姓はのちに登場する苗字とはまったく別ものであり、こちらは苗字ほど数多くはなかった。そして、あとで詳しく触れるように、中国大陸の唐や宋、朝鮮半島の新羅《しらぎ》や高麗《こうらい》といった東アジア諸国と同様、当時は日本でも夫婦別姓が一般的であった。

つまり、平安時代以前の日本は、少なくとも名前の面から見た場合、「同姓不婚・異姓不養」（同姓者と結婚したり、異姓者を養子にとったりすることを禁ずる）というタブーがない点を除くと、東アジア世界のレベルでの「グローバル・スタンダード」から、さほどはずれていない社会だったのである。

ところが、身分・階層によって多少の時期の違いはあるものの、鎌倉時代の過渡期を経て、最終的にはおおよそのところ室町時代頃に、先祖代々の永続を何よりも重要視する日本独特の家制度が庶民に至るまで確立し、それと軌を一にして、これまた日本独特の苗字が姓に取って代わる。こうして、ほぼ一四～一六世紀を境に、日本人の人名のあり方は東アジアの「世界標準」とは一八〇度異なるようになった。

いずれにしろ、苗字に代表される家名こそはまさに、家の永続性を目に見える形で示すシンボルであり、極端に言えば、家の数だけそのシンボルとしての苗字も作られ、何世代にもわたって継承される。当然のことながら、家のメンバーである夫婦は、同一の苗字を用いた。むろん、武士の家のみならず、庶民の家の中にも、苗字を用いる家がたくさん出現したが、姓の数よりも苗字の数の方がはるかに多いという事実の歴史的な要因について、私は以上のように考えている。

なお、江戸時代には武士のみしか苗字を用いることができなかったのに対し（農工商身分の者の「苗字・帯刀《たいとう》」禁止）、明治維新のいわゆる「四民《しみん》平等」政策によって、はじめて庶民も苗字を名のれるようになり、苗字の数が激増したという、高校日本史の教科書にも書かれているお馴染みの常識的理解が、今日の研究水準に照らすと誤りだと言わざるをえないことは、本書を読み進む中で、読者にもわかっていただけるものと思う。

では、上の苗字ではなく、下の名前の方はどうか。先にも触れたように、現代日本人の人名のうち、下の名前もまた、きわめて多種多様だと言える。確かに、本書の冒頭でエピソードとして取り上げた入学試験の合格者名のリストに目を向けてみても、男性名も女性名も下の名前は色とりどり、まさしく百花繚乱といった状況だった。

個人名の評価をめぐって

ところで、上の苗字にしろ下の名前にしろ、個人名（もう少し一般化すると「固有名詞」）をめぐっては、これまでにもさまざまな議論がかわされている。その代表例として、個人名こそは「かけがえのないこの私」としかいいあらわしようのないひとりひとりの人間の「単独性」を指し示す唯一無二のものだとみなす柄谷行人《からたにこうじん》氏の見解があげられるが

（『探求Ⅱ』）、個人名の本質を特定個人の識別という点に求めたり、個人名は人格の重要な構成要素にあたると考えたりした上で、それに対しどちらかと言えばプラス評価を与えるこうした人名観に、文化人類学者の出口顯《あきら》氏は真っ向からの反論を試みる（『名前のアルケオロジー』）。

出口氏によると、そもそも自分の名前を自分自身で名づけるという「自己命名」が、どこでも原則的には禁止されている中、たとえ両親が子どもの幸せを願って心を込めてつけた名前であったとしても、「名づけ」とは結局のところ名づける者による、名づけられる者に対する「権力の行使」（フーコー、M『監獄の誕生』）を意味する行為だとのことである。

この考え方は、事物に「固有名詞」を貼りつけて「名づけ」ることが、すなわち事物を「所有」することに他ならないとみなす社会思想史研究者の市村弘正氏の見解とも一脈通じていると思われる（『「名づけ」の精神史』）。とにもかくにも、その論法でいくと、個人と切り離すことができない、個人のアイデンティティーの重要な構成要素として名前をとらえる、「名は体をあらわす」的な人名観は、本人の意思とは無関係に外部から権力的に授けられたにすぎない個人名をもって、あたかも自分のうちに固有なものであるかのごとく思い込むように人々を仕向けさせるという、きわめて危険きわまりない役まわりを演じていることになる。

ただし、市村氏はこういった「固有名詞」がはたす役割を、柄谷氏らと同様に肯定的に評価しており、その点では否定的な出口説とは決定的に立場を異にする。

出口氏はさらに、個人名には個的なるものを特定化する側面と、類的なるものを意味する側面の両面があったという事実に着目し、そのどちらか一方を強調することによって、名前が人格と結びつくという言説になったり、逆に単に分類の標識にすぎないという言説になったりすると述べているが、これはきわめて興味深い指摘だと思われる。

すなわち、たとえ「名づけ」が権力の行使だったとしても、なおかつその権力行使が書店の店頭に並ぶ「姓名判断」の本の影響を受けたものだったとしても、今日の日本人の人名、特に下の名前がきわめて多種多様であり、そこに親をはじめとする「名づけ」主の思いが込められているケースが多いことは論を待たない（必ずしも、「名づけ」られた本人の思いと一致するとは限らないが）。したがって、こうした事実を踏まえて、名前を個人のアイデンティティーのあらわれとみなす見解が、ある程度の支持を得たとしても、当然と言えば当然かもしれない。

中世・近世の日本における下の名前

だが、ひるがえって前近代、なかんずく中世（鎌倉・室町時代）や近世（江戸時代）の日本における人名（下の名前）のあり方に目を向けた場合、本書でこれから論ずるように、現代日本の人名と対比して、そのワンパターン性には正直言って驚かされる。

しかも、それは決して個人の人格と結びつくものなどではなく、家や村といった共同体のメンバーシップを表示する、分類のための標識として機能していた。当然のことながら、「名づけ」にはさまざまな制約があり、今日のように自由に「名づけ」られるわけではなかったし、共同体の内外を問わず、あちらこちらに同名の人物も存在した。父親の名（実は家名）を長男が代々襲名するケースは、中世や近世の「名づけ」のかかる特徴を、余すところなく示している。

いずれにしろ、当時の人名は個的なものを特定する役割よりも、類的なものを表示する役割の方に、はるかにウエイトが置かれていたとみなすことができよう。本書においては、主に室町時代の庶民の下の名前を、いくつかに分類する中で、この点について具体的に述べることにしたい。

中世・近世の庶民の一生と人名の変化

人生の階段

ところで、中世や近世の庶民の人名が、共同体のメンバーシップと分かち難く結びついていたことの必然的な帰結として、これらの共同体内部で、その人物の年齢や身分が上昇するたびに、人名もまた変化を遂げることとなった。ここでは、当時の人々の人名について考える際の出発点として、年齢を基準にした人生の階段とそれに対応する通過儀礼の問題に焦点を絞って、話を進めたい。

二一世紀の今日においても私たちはみな、この世に生をうけてから死に至るまで、ただ平坦な道のりを歩み続けるわけではなく、実際には何段もの階段を昇りながら、少しずつ人生の終着駅に近づいていく（病気や事故などによる人生の半ばでの不慮の死は、とりあえずここでの議論から除くことにする）。

そんな私たちにとって、人生の節目となるステップには、どのようなものがあるだろうか。もちろん、これは人によって千差万別であり一様ではないが、ごく一般的な例をあげると、まずは生まれて二〇日目〜一〇〇日目に行うお宮参り。それは、本来は村の氏神《うじがみ》さまに子どもの出生を報告し、宮座《みやざ》と呼ばれる祭祀《さいし》組織の成員予定者として認めてもらうための儀式であり、多くはその場で命名がなされたが、地域のつながりが弱まった今日のお宮参りはむしろ、両親が子どものすこやかな成長を祈る儀式といった色彩が強い。

続いて七五三のお宮参り。これまた、言うまでもなく子どもの成長を祝う儀式である。昔は、七歳までは神の世界に属し、八歳になってはじめて一人前の人として認められたものだが、七五三の最後の段階にあたる七歳という年齢は、まさに神の世界から人の世界へと子どもが移行する時期にあたっており、あるいはその名残の儀式かもしれない。

さらには、幼稚園・小学校・中学校・高校の入学式と卒業式、人によっては大学や専門学校の入学式が続き、二〇歳になると成人式が待っている。成人式も最近はどんどん華美になる一方で、当日のテレビには決まって、煌びやかな振袖の着物を身にまとった新成人の女性の姿が映し出される。

それは同時に単なる同窓会でもあり、久方ぶりに仲間と再会して「みんなで渡れば怖くない」式に悪乗りした一部の新成人が巻き起こすトラブルも、ここのところ毎年のようにニュース番組で報道される。いずれにしても、かつて成人の日に行われていたNHKの「青年の主張」的な「真面目で前向きな理想を持った新成人」像は、あまりに「きれいごと」すぎて、もはや新成人の共感はそんなに得られないかのようである。

だが、中世や近世における武士の元服儀礼にせよ、村の宮座での「烏帽子成《えぼしな》り」（烏帽子着）の儀礼にせよ、本来の成人式は決して華やかなファッションショーでも、単なる同窓会でも、「青年の主張」の発表会でもなかった。世界各地の諸民族の成人儀礼（イニシエーション）、特に男子のそれと同様に、一人前の大人になるための厳しい試練をともなうものであって、これこそは人生で最大の節目となる重要なワンステップにあたった。

話を現代の日本にもどして先を続けると、成人式以降は個人個人まちまちで、必ずしもすべての人がこのステップを昇るわけではないものの、大学の卒業、就職、結婚、女性の場合は出産などが人生を変化させるステップとしてあげられよう。もちろん、そのそれぞれの場面で、卒業式、入社式、結婚式、出産祝いなどの儀式が行われることも多い。

また、バブルの崩壊以降、日本においても終身雇用の制度が崩れてリストラの嵐が吹き荒れるようになったため、就職後定年に至るまで同じ会社に勤め続ける者の数は、ここ一五年ほどでかなり減った。だが、そんな嵐を乗り越えて、運良く定年まで正社員として勤めあげられた人（その大半は男性）の場合、定年退職と還暦のお祝いとが、そろそろ終盤にさしかかりつつある人生のステップアップ・ポイントとなる。日本人の平均寿命が八〇歳台の今日、あとは「第二の人生」と称される長い老後の生活がまっている。

そして、当然のことながらいつかは誰にでも確実に死が訪れ、人生の階段を昇りつめた一番最後はお葬式によって締めくくられる。

右に述べたことはあくまでも一つの、かなり理想的なモデルケースにすぎない。実際には地域の違いにより、家の違いにより、男女の違いにより、社会的立場や経済力の違いにより、そして何よりも人生につきものの個人的な事情や偶然のいたずらにより、さまざまなバリエーションが存在するが、おおよそのところはざっとこんなものだろう。

中世の村人の一生と通過儀礼

さて、右に記した通過儀礼の多くは、今日においては心に残る「晴れの日」ではあっても、その内実は単なる形式的なセレモニーと化しつつあるが、時代を中世にまで遡るとどうなるだろうか。入学式や卒業式といった現代的な儀礼とはまったく縁のなかった中世という時代における村人の一生と折々の通過儀礼について、とても興味深い考察をしている研究者に、飯沼賢司氏がいる。ここでは飯沼氏の見解に耳を傾けてみよう（『村人』の一生」）。

今、この問題に関する氏の所説を私なりにアレンジしてまとめてみると、以下のようになる。

①　中世の村においては、一歳か三歳の正月に村の子どもとしての人生が正式に始まった。当時の村における鎮守の神社には、宮座と呼ばれる組織があり、その寄合《よりあい》の場で祭礼がとり行われたり、政治むきのことが話し合われたりしたが、たとえば紀伊国《きいのくに》東村（現在の和歌山県粉河《こかわ》町に所在した村であり、本書でもあとで詳しく取り上げる）の場合、前年の一月一一日から当年の一月一一日までの間に生まれた宮座のメンバーの人々の子どもを対象に、神前で「名づけ」の儀式が行われた。この「名づけ」の儀式を終えて、はじめて村入りが認められた。子どもは宮座の正式なメンバーではないものの、その予備軍として宮座の役を負担する例も見うけられる。

②　中世後期（室町時代）の男子の成人儀礼としては、「烏帽子成り」と成人名への改名があげられる。今日の成人式にあたる「烏帽子成り」の儀式を境に、男子は烏帽子と

呼ばれる冠をかぶる権利が認められ、また、童名《どうみよう》から成人名へと名前を変えた。「烏帽子成り」は本来宮座に加入する儀式でもあったが、実際には子ども時代から重い役の負担に耐えられる家の者だけが、宮座のメンバーになれたと思われる。

③　中世後期における村の運営は、「烏帽子成り」により成人した一六歳から六〇歳までの男子によって担われていた。成人の村人は大きく分けて老　衆《おとなしゆう》と若衆の二階層から構成されており、役の負担と年齢を重ねることによって、若衆から老衆へと進んだ。老衆は村の指導者、若衆は村の武力であって、普段は老衆が村の運営にあたったが、重要問題に関しては、老衆と若衆の合議がなされ、両者の力関係でものごとが決定された。

④　村の世界には子どもや女性のほか、身分の低い者たちなど、村政を担う成人男性の宮座から排除された、さまざまな人々が存在した。次男や三男ら庶子も、身分的に差別され、老衆の座には加われなかった。老衆の座は、特定の家の嫡男によって独占された。

⑤　六〇歳を超えると老境に入り、剃髪《ていはつ》して出家を遂げる。室町時代の村人は、「入道《にゆうどう》成《な》り」という儀式を行なって出家し、法名《ほうみよう》と呼ばれる僧侶の名を名のった。初期に

おいては「入道成り」は老衆の最高位となることを意味したが、時代が降り戦国時代に至ると、隠居の制度が定着し始め、出家者が村の組織から排除される傾向が強まる。これは、「老い」ということの価値の低下を意味する。応仁《おうにん》・文明《ぶんめい》の乱以降のうち続く戦乱の中で、軍事動員の主役である若衆は、しだいに発言権を強めるが、それとは逆に老衆、ことに軍事を担いえない六〇歳以上の老人と後家の両者は、発言権を失っていった。

村人の一生についての飯沼氏の研究は、おおむねこのように要約できる。きわめて的確な指摘であり、まったくもって異論はないが、細かい点はさておき、読者の方々には中世の村人たちにとって人生の節目ごとに行われるさまざまな通過儀礼が、今日のそれよりもはるかに大きな意味を持っていたという事実を理解していただければ、とりあえずはそれで十分である。

通過儀礼と人名の変化

ならば、通過儀礼を経ることにより実現したステップアップは、どういった形で表象されたか。烏帽子の着用や剃髪といった目に見える「変身」も、もちろん重要だが、私は飯沼氏も軽く触れている人名の変化に注目したい。

先にも論及した市村弘正氏の著書によると、過去の時代においては個人の社会的立場・地位・身分の変化や、社会そのものの転換に対応して、人名もまた変化を遂げ、それによって当人の「変身」が認知されたとのことだが、この指摘はとても重要だと思われる。今日の日本人男性の場合、一般的には生まれてから死ぬまでの間、苗字にしろ下の名前にしろ、個人名を変えることがほとんどないが、当時の人々の常識からすると、生涯人名を変えない者は、いろいろな意味でむしろ特殊な存在とみなされた。

中世、特に戦国時代の村人（男性）たちは、ひとりひとりが複数の名前を持ち、成長して通過儀礼を経るたびごとに名前を変えたり、あるいはケース・バイ・ケースで、いくつかの名前を使い分けたりしていた。もう少し具体的に述べると、彼らの多くは、(1)少年時代の童名→(2)「烏帽子成り」の儀式により若衆となった時に名のる成人名→(3)「官途《かんと》成《な》り」と呼ばれる儀式を済ませて老衆の仲間入りをした者が用いる官途名→(4)「入道《にゅうどう》成り」を遂げて出家した人物の名前である法名の順で、名前を変えた。

また、同一人物でも公式書類に書名したり、公的な儀式に参加したりする際には、姓と実名《じつみょう》（正式な名前）を用いたのに対して、村の中における日常生活の場面では、成人名と官途名に代表される字《あざな》（後述）や、法名などを名のっていた。苗字は最初の頃はあくまでも私的なものだったが、しだいに公的な色彩を帯びてきて、姓に取って代わるようになった。

そんなわけで、私たちがこの時代の荘園《しょうえん》や村に関する諸史料を使って研究にあたる時、そこに登場するたくさんの村人たちの名前の扱い方には注意を要する。名前が違うのでてっきり別人だと思い込んでいると、実は同一人物だったなどということが、しょっちゅう起こるのである。

つまり、共同体の内外を問わず、同名の人物がたくさん存在したことの裏返しとして、別名であっても同一人物だということもあったのだが、どちらにしても、当時の人々の名前が、個人の特定よりも、むしろ分類の標識として機能していたことは間違いない。本書を読み進めるにあたり、まずはこうした点を理解しておいていただきたい。

以下においては、姓と苗字の違い、男性の名前、女性の名前の順で、これまで述べてきたことを、より深く掘り下げていくことにする。

姓と苗字

姓、苗字、そして氏

今日の状況

姓と苗字。先にも少し触れたが、私たちが普段何気なく使っているこの二つの言葉に、法律用語としての氏《うじ》を加え、そこに意味の違いがあるか否かと、もし質問されたとしたら、あなたはどう答えるだろうか。おそらく、大部分の人は、「どれも意味は同じで、ファミリーネームを指す」という答え方をするのではないかと思う。

確かに、「私の苗字は坂田です」「私の姓は坂田です」「私の氏名（氏と名）は坂田聡です」のうちの、いずれの言い方をするかは、はっきり言ってその時々の気分しだいといった面もある。強いて微妙な違いをあげるとすれば、苗字は日常世界の用語、姓は一般的な書類においてよく目にする語、氏は市役所などに提出する公的な書類に用いられる法律用語という程度の区別はできるかもしれない。

だが、実のところ姓、苗字、そして氏の三者は、歴史的に見るとそれぞれ別個のものであった。この点については後述するとして、ここではまず、三者の混同がいつ頃から見られ始めたのか、その起源を明らかにしよう。

明治政府の政策

右の問題については、法律学者の井戸田《いどた》博史氏の説に耳を傾けたい（『「家」に探る苗字となまえ』）。氏は石井良助氏の見解をも踏まえ、江戸時代は主に苗字の語を使っていたこと、その影響からか、明治初期には苗字が多用されたが、一八七五年（明治八）頃から七八年にかけて、苗字、苗氏、氏、姓が混用されたこと、別に法令が出されたわけではなかったが、一八七九年頃を境に、以前の法令を引用する場合を除いて、氏または姓が用いられるようになったこと、一八九〇年の「民法」、そして、いわゆる「民法典論争」を経て、あらたに作られた九八年の「民法」制定以降、法制上は氏に統一されたことなどを明らかにした。

こうして、それ以後現在まで、法律用語としては氏が使われることとなったが、その一方で、苗字や姓も廃れることはなく、連綿と用いられ続けて二一世紀の今日に至っている。

古代の「氏姓制度」

では、歴史学的に見た場合、現在私たちが名のっているものは、姓・氏・苗字のいずれにあたるだろうか。この問いに答えるためには、まず最初にはるか古代にまで遡り、「氏姓制度《しせいせいど》」について論じる必要がある。

高校の教科書にも出てくる古代の「氏姓制度」は、荘園制度などとともに、日本史を学ぶ生徒の多くが、なかなか理解できない制度の代表格として、教師の間でよく取り沙汰されるが、試みにこの制度を『日本史大事典』（平凡社）で調べてみると、以下のような説明がなされている。

> 日本古代において、中央貴族、次いで地方豪族が、国家政治上に占める地位、社会における身分の尊卑に応じて、朝廷より氏の名と姓を与えられ、その特権的地位を世襲した制度。（後略）

さらに、姓＝カバネに関しては、次のとおりである。

> 日本古代の豪族が氏名のもとにつけた称号。古代国家における政治的・社会的な位置

の上下関係を表し、一族が世襲した。姓には、臣《おみ》、連《むらじ》、君《きみ》、直《あたい》、造《みやつこ》、史《ふひと》など多数があり、古くは公的・私的に用いられた尊称や称呼であったものに由来する。（後略）

右の説明をまとめると、氏とは天皇に仕える集団のことで、各氏のメンバーは、氏の名、すなわち氏名《うじな》を名のるとともに、朝廷より臣や連といった姓＝カバネを授かることによって、その氏が国政上に占める地位を示した、ということになろうか（たとえば、蘇我大臣《そがのおおおみ》馬子《うまこ》の場合、蘇我が氏の名、大臣が姓にあたる）。つまり、氏と姓は本来的には別ものだったのである。

ところが、時が経って奈良時代頃になり、律令体制が確立すると、カバネが果たした機能は律令制的な官位の制度に徐々に取って代わられ、平安時代（九世紀）にはカバネの形骸化が決定的となる。こうして、いつしか姓をカバネと訓《よ》む風習も廃れ、氏の名＝姓（セイ）とみなされるようになっていった。あるいは、氏名とカバネを合せて広義のセイと考えられていたのが、氏名＝セイに変わったということもできるが、どちらにしても、これは古代の段階ですでに、氏（正確には氏名）と姓の同義化が進行したことを意味する。

したがって、氏＝姓といって差し支えない以上、ここでは先の問いを「現在私たちが名のっているものは、姓と苗字のどちらにあたるか」と言い換えることにするが、勿体をつけないでその答えを先に述べると、それは苗字だということになる。なぜならば、いましがた明らかにしたように、姓は氏と呼ばれる古代以来の族集団の名（氏名）なのに対し、苗字こそが正真正銘、家の名（家名）にあたるからである。

姓か苗字か

つまり、今日でこそ、そのような意識はあまりないかもしれないが、坂田にしろ、鈴木にしろ、佐藤にしろ、田中にしろ、本来的にはあくまでも坂田家・鈴木家・佐藤家・田中家という家々の家名であって、氏の名や、ましてや個人の名などではなかった。家名にあたる上の名は、苗字以外にありえない。

結婚式場の案内板を見ると、最近でも「○○さん・××さん結婚披露宴会場」ではなく、「○○家・××家結婚披露宴会場」となっていることが多く、また、お墓の墓碑銘は、「○○家先祖代々の墓」と刻まれていることが一般的だが、これらの事実は、今日においてもなお、苗字が先祖代々続く家名としての側面を有することを示している。

ただ、これだけの説明では、姓と苗字の違いについて、読者の十分な理解は得られないと思う。そこで、節を変えてもう少し詳しくこの問題を論じてみたい。

古代貴族の姓

　これまで述べてきたように、カバネの形骸化が進んだ九世紀以降、姓は古代の貴族が形成した氏《うじ》と呼ばれる社会集団の名、すなわち氏名《うじな》を意味するようになった。

姓の実例

　では、具体的にどんな姓が存在したか。中国を中心とする東アジアの漢字・儒教文明圏の中でも、中国と朝鮮の場合、毛沢東《もうたくとう》や金大中《キムデジュン》の例をあげるまでもなく、今日でも姓は基本的に漢字一字からなるが、日本においては必ずしも漢字一字のみとは限らず、漢字二字の姓もかなり見受けられた。その代表例が藤原である。藤原氏以外の漢字二字姓としては、たとえば、大江、中原、菅原、中臣、清原といった姓があげられよう。これに対し、漢字一字の姓としては、源氏と平氏、橘《たちばな》氏、秦《はた》氏、紀《き》氏あたりがただちに思い浮かぶ。

このうち、源氏・平氏・藤原氏・橘氏の四氏は、「源平藤橘《げんぺいとうきつ》」と総称され、平安時代も後半以降になると貴族の姓の代表例とみなされた。藤原氏は言うまでもなく最有力の氏であり、源平二氏は皇族が臣籍《しんせき》に下って成立したが、それに、母が天皇より与えられた姓を、臣籍に下った兄弟が受け継いだ橘氏を加え、朝廷内の主要な官職は、「源平藤橘」四氏に属する人々が独占した。

一方、大江・中原・菅原・清原らの諸氏に属する人々は、朝廷の事務を分掌する中・下級の貴族だった。いわば、彼らは実務官僚にあたる。

いずれにせよ、平安時代も半ば頃には、「源平藤橘」の姓も、実務官僚の姓も、国司《こくし》をはじめとする中・下級貴族の地方下向と彼らの土着によって、地方武士の世界にまで広まっていった。また、姓の多くは中世にも引き継がれ、苗字と併存しながら、それなりの社会的役割をはたし続けたのである。

姓についての加藤晃の説

ところで、姓や苗字（実際には両者混同されているケースが多い）に関する本は、一般読者向けのものを中心に数多く刊行されており、書店で見ても、その手の本でかなりのスペースが占められているが、学術書として一定のレベルを持ったものとなると、ごく限られてくる。ここでは、本書の中でこれまで述べてきたことと重なる部分もあるが、姓に関する学術的な研究の、現時点における到達点と目される、加藤晃氏と義江明子氏の見解に耳を傾けてみよう。

加藤氏は今から二〇年ほど前、「日本の姓氏」という論稿を発表した（井上光貞他編『東アジアにおける社会と風俗』所収）。そこでは、古代貴族の姓について、おおよそ以下のような説明がなされている。

①　姓や苗字は、個々の人間を血縁的な関係にもとづく集団と結びつけて識別することの必要な社会において成立した。

②　姓は中国の姓氏を模写したものではあるが、完全な模写ではなく、いくつかの点で独自性を持つ。

③　姓が成立する以前の人名は、実名か、または実名に何らかのタイトルを添える呼称法が一般的だった。

④　律令制的な身分秩序の形成や、官僚制を支える単位集団としての氏の確定といった事態への対応策として、姓は天智《てんじ》朝の頃に成立した。

一方義江氏は、「氏名の成立と展開」という論稿をみずからの著書『日本古代系譜様式論』に収録した際、最初に次のような内容要約をつけた。

義江明子の見解

大伴《おおとも》氏・蘇我《そが》氏などの古代の氏名は、天皇から与えられ、取り上げられる、他律的な名称だった。氏名の変更は、血縁の枝分かれによってではなく、政治的地位の上昇や功績を契機としてなされ、そこから新たな氏の形成が始まる。氏名のこうした他律性は、氏集団そのものの他律性の反映である。八世紀〜九世紀の小グループ単位での改《かい》賜《し》姓申請は、それまでの〝氏名賜与→氏集団形成〟とは異なる、〝現実の親族集団→氏名獲得〟という方向への変化を示す。背景には、自律的出自集団形成へむけての氏の組織原理自体の変化があった。本来は氏名をもたない皇族も、源氏・平氏等として「氏」化していく（後略）。

（義江前掲著書一三〇ページ）

ここに見える氏名とは、もちろん姓を意味する。八世紀〜九世紀を境に、氏集団の自律性が高まり、氏の名としての氏名＝姓獲得の動きが強くなったが、その段階に至っても、氏はなお天皇によって与えられるものであったため、他律的な性格を完全には払拭し切れなかったと、義江氏は理解されている。

古代公民の姓

ところで、本書とのかかわりで注目したいことは、義江氏も加藤氏も触れていることだが、律令体制の下では賤民（奴婢《ぬひ》）のみが無姓と定められており、戸籍制度の施行と相俟《あいま》って、一般庶民も天皇に奉仕する民＝公民として、何らかの擬似的な氏名を名のったという事実である。彼らの多くは、それまで所属した部の名や、支配者の氏名に因んで「弓削部《ゆげべ》」「蘇我部《そがべ》」「大伴部《おおともべ》」などの氏名を用いたが、これは氏集団の名としての実態を持たないものだった。

義江氏はさらに、氏が父系の出自集団として確立してくる八世紀末〜九世紀以降、庶民の擬似的な氏名が、出自集団の名称と化しつつあった姓に発展することなく消滅していくとの展望を示されている。後述するように、古代の公民身分の系譜を引く中世の百姓身分の人々が、文字どおり「諸々の姓」の持ち主として「源平藤橘」をはじめとした貴族的な姓を名のったのは、古代において公民が擬似的氏名を有したという伝統を踏まえたものだったと考えられよう。

中世武士の苗字

苗字の登場

さて、先に姓と苗字はまったく別ものだと述べた。それでは、苗字は姓とどんな点が異なり、いつ頃、どのような過程を経て歴史上に登場したのだろうか。この節では中世武士の苗字に話を進めたい。

中世武士の苗字に関しては、戦前以来、かなりの数の研究が存在する。だが、これまた学問的な裏づけを十分に持った体系的な研究は、さほど多くはない。苗字研究の第一人者と言えば、戦前において姓氏や苗字、家系や系図といった題名を持つ著書を何冊も執筆されている太田亮《あきら》氏の名が思い浮かぶが（復刻版『家系系図の入門』他）、太田氏のほかには、洞《ほら》富雄氏、豊田武氏、阿部武彦氏、そして、前節で触れた加藤晃・義江明子両氏らの名があげられる程度である。

今、これら諸先学の仕事の中で、特に豊田氏と加藤氏の研究成果に依拠しながら、苗字の成立過程に目を向けると、だいたいのところ次のように理解することができる。

豊田氏によれば、平安時代中期以降戸籍が作成されなくなったことにより、擬似的な氏名を失った庶民は、それに代えて字《あざな》と呼ばれる通称を用いるようになったとのことである。源三《げんざ》、藤三郎《とうざぶろう》、左近《さこん》、左衛門《さえもん》などがそれにあたる（『苗字の歴史』）。

こうした字には、同一のものがたくさんあり、他と区別がつきにくいため、字の上に居住地の地名を付して区別するようになった。この地名や官職名がしだいに世襲化されることによって苗字が誕生したと、豊田氏は述べられている。

以上を図式化すると、①地名や職名を冠した字の成立→②それぞれの地名・職名の継承→③その名称の苗字としての定着、といったようにまとめられる。

個人名と家名

一方加藤氏は、豊田氏に代表される通説が②から③への移行を単なる時間の経過としてとらえている点に疑問を投げかける。加藤氏によれば、代々継承される地名・職名がそのまま苗字や姓といった姓氏になるわけでなく、前者があくまでも個人レベルの名であるのに対し、後者は何らかの意味で個人を超えた族的な集団とかかわる呼称であって、前者から後者への移行には、単なる時間の経過だけでは済まない、一定の飛躍が必要とのことである（前掲「日本の姓氏」）。

さらに、一般に鎌倉武士は北条、三浦といった苗字を名のっていたとみなされているが、これらは単独で地名以上の名前を意味するものではなかった可能性が高い点、それに対し一四世紀の南北朝内乱期以降、兄弟姉妹全員が相続権を持つ分割相続から、長男の単独相続へと財産相続の形態が変化したことによって、世代を超えて永続する家が成立し、この家という族的な組織自体の呼称として、はじめて苗字が登場した点などを明らかにされた。つまり、あくまでも個人の名に冠された地名や職名が苗字化するためには、父から長男へと代々家産を継承する永続的な家の確立が、必要不可欠だったと言えるのである。

北条・三浦は苗字か？

右の問題について、ここでもう少し詳しく見てみよう。一一八〇年（治承《じしょう》四）八月、源《みなもとの》頼朝《よりとも》が伊豆で平氏《へいし》打倒の兵を挙げた際、頼朝の挙兵に応じた三浦介義明《みうらのすけよしあき》の一族の名を、鎌倉幕府の歴史を幕府自身がまとめた書物『吾妻鏡《あずまかがみ》』に探ると、義明の弟は筑井《つくい》次郎義行であり、子息には和田太郎義宗、三浦次郎義澄、大多和三郎義久、多々良四郎義春、長井五郎義秀、杜六郎重行、佐原十郎義連らの名前があげられている。ご覧のとおり、この一族は父子兄弟がそれぞれ異なる地名を冠して呼ばれており、三浦という名が一族全体の名となっているわけではない。

また、北条についても、時政の子にしろ、義時の子にしろ、泰時の子にしろ、時頼の子にしろ、子ども時代は父親の官職名（国名《くにな》）に次郎・三郎などを付けた名（相模三郎など）で、みずからの任官後は自身の官職名（駿州・武州など）で呼称されており、北条の名が時政以降、本姓のごとく子孫に継承されたという事実はないと、加藤氏は断言している。

分割相続から単独相続へ

以上のように、三浦といい北条といい、鎌倉武士の世界において苗字が成立しなかった理由としては、この時代の財産相続の形態が分割相続だったという事情があげられる。なぜならば、分割相続のもとでは世代を超えて継承される家に固有の財産、すなわち家産が存在しえないため、同一の経営体が世代の交代にもかかわらず存続し続けることは、原理的に不可能だからである。三浦義明の子息達が三浦を名のらずに、分割相続した所領の名をそれぞれ名のった事実は、それを如実にあらわしている。

これに対し、たとえば九州の島津《しまづ》氏の場合、鎌倉時代には北条と同様に官職名などを名のっていたのが、南北朝内乱期以降になると、島津という名がこの一族の間で特殊な意味を持つものと意識されはじめる（前掲「日本の姓氏」一一二ページ）。これこそまさに苗字の登場にほかならない。

南北朝内乱期と言えば、武士の財産相続の形態が変化し、長男による単独相続が一般化する時期にあたるが（だからこそ家督《かとく》争いが激化して、それが内乱の長期化に拍車をかけた）、こうして単独相続を前提とした家産が成立すると、父から長男へと先祖代々家産を継承する、永続性を持った家が出現することになる。加藤氏も述べているように、世代を超えて永続する家は、それを構成する個々人から独立した組織体であり、そのような組織体を識別するためには、組織体独自の名が必要となってくる。ここに、家という組織体そのものを指し示す呼称として、苗字が成立したのである。

姓と苗字の違い

次に、前々節で述べた姓と、前節で述べた苗字の違いについて、まとめてみよう。この問題をめぐっても、例によって加藤晃氏が検討を加えているが、加藤氏は姓と苗字の違いとして、以下の三点をあげられた（前掲「日本の姓氏」）。

上から与えられた名か否か

第一に、姓は国家が外国文化を移植・導入して、上から制定したものであるのに対し、苗字は個々の武士の家が確立したことによって、下から自然発生的に成立したと考えられる。

右の点に関し加藤氏は、豊田武氏の指摘を踏まえつつ、中世ヨーロッパのケースと対比して論じている。それによると、古代以来の姓の存在を前提にしながら、武士の世界において苗字が下から自然発生的に成立してきたという現象は、ローマ帝国時代の姓氏（ノーメン）を前提としながらも、それとは別に、中世ヨーロッパの貴族の間にファミリーネームが成立してくる状況と、かなり類似しているとのことである。

公的な名か私的な名か

第二に、姓は天皇によって賜与《しよ》される公的な名なのに対し、苗字は本来的には私称する名だとみなすことができる。

もちろん、苗字にあっても豊臣秀吉が島津義弘《しまづよしひろ》や毛利秀包《もうりひでかね》らに羽柴《はしば》の苗字を与えたり、江戸幕府が島津家をはじめとする諸大名に松平の苗字を与えたりといった事例も存在する。しかし、こうしたケースは姓と苗字の混同がすすみ始めた段階での、やや特殊な例であり、決して一般化はなしえないと、加藤氏は述べている。

先に触れたように、義江明子氏は天皇から与えられる姓の他律性と不安定性を、こもごも強調しているが（前掲『日本古代系譜様式論』）、ここでもやはり、姓の公的性格が自明視されている。

氏の名か家の名か

第三に、姓は父系血縁原理によって継承されるものであり、少なくとも八世紀末～九世紀以降は父系血縁集団化した氏の名（氏名《うじな》）と規定しても大過ない。これに対し苗字の方は、あくまでも家の名（家名）であって、決して血族名ではない。

平安時代も半ば頃になると、国司《こくし》として地方に下向《げこう》した中・下級の貴族の中には、任期終了後もそのまま現地にとどまるものもあらわれたが、こうして氏のメンバーシップが地方にまで広まった結果、たとえば藤原氏の場合、上は摂政《せっしょう》・関白《かんぱく》から下は名もない地方武士に至るまで、男性のみならず、女性も含めてみな藤原という姓を名のることとなった。つまり、姓は氏の構成員の間で広く継承・共有される名だということができる。

一方家名としての苗字は、一家ごとに一つの苗字が本来の姿であり、同族といえども別苗字が基本だった。もっとも、苗字は私的に名のるものであるから、本家と同一の苗字を分家が用いることも当然ありえたし、少なくとも後述する庶民の場合には、むしろそれが普通だとも言える。だが、たとえそうだとしても、苗字の本質はあくまでもそれぞれの家ごとの名という点にあるわけで、同一の苗字を用いる人々の範囲は、同一の姓を用いる人々の範囲よりも、はるかに狭かった。

実名とセットか字とセットか

以上の三点が、姓と苗字の本質的な違いに関する加藤氏の見解である。もう少し、本質的ではないものの、目に見える（耳に聞こえる？）違いにあえて着眼するとすれば、姓は実名《じつみよう》（おめでたい漢字二字訓読が基本）とワンセットなのに対し、苗字は字《あざな》と呼ばれる通称とワンセットとなるケースが多いという点があげられる。

この傾向は、後述する庶民層において特に顕著だが、とりあえず武士を例にとってみると、たとえば、新田義貞《につたよしさだ》・足利尊氏《あしかがたかうじ》・楠木正成《くすのきまさしげ》といった苗字＋実名の形はそれほど一般的ではなく、むしろ時代が下り、姓と苗字の混同が進むにしたがって、そうした表記が徐々に増加したものと思われる。

つまり、武士の場合でも、本来的には足利尊氏・新田義貞ではなく、足利又太郎・新田小太郎というように呼ばれていたのではなかろうか。

では、姓はどうか。中世になっても源・平・藤原・橘をはじめとする姓は苗字と併存し、公的な書類や儀式の場などにおいて、それなりに重要な役割をはたしていた。古代における姓は、男性の場合、藤原道長・藤原頼通《よりみち》・菅原道真《みちざね》といった具合に、実名と組み合わせて正式な名を構成していたが、源頼朝に代表されるように、この点は中世も同様であった。

それどころか、重要な儀式の際に姓と実名を用いる風習は、何と、氏が族集団としての実質を完全に喪失した江戸時代にまでも受け継がれ、「将軍宣下《せんげ》」の文書には、徳川家光ではなく、源家光と記されていた。ご存知の方も多いと思うが、松平の苗字を名のっていた家康は、源氏である新田義貞の一族得川《とくがわ》氏にみずからの系譜を結びつけ、源氏を称することによって、征夷《せいい》大将軍となることができた。

姓の形骸化が進行し、姓と苗字の混同がはなはだしくなった近世江戸時代に至っても、姓と実名の組み合わせは、官職の授与など、国家的・公的な儀式の場においては、なお形式ばった正式な人名として用いられ続けていたのである。

さらにもう一つ、耳で聞いてわかる姓と苗字の違いは、上の名前（姓、苗字）と下の名前の間に「の」という語が入るか入らないかという違いである。

「の」が入るか入らないか

このことをはじめて大きく取り上げたのは、岡野友彦氏である。『家康はなぜ江戸を選んだか』および『源氏と日本国王』と題する、たいへんに興味深い一般向けの二冊の著書の中で岡野氏は、「みなもとのよりとも」「たいらのきよもり」「ふじわらのみちなが」といったふうに、一般に「の」をつけて呼ばれる源・平・藤原などは、姓にあたるのに対し、

「ほうじょうまさこ」「あしかがたかうじ」「くじょうかねざね」といった、「の」をつけて呼ばない北条・足利・九条・徳川などは苗字にあたると述べた。

そして、よく秀吉は木下→羽柴→豊臣と改姓したと言われるが、このうち豊臣は後陽成《ごようぜい》天皇から授けられた姓、木下と羽柴は苗字であって、右の理解は姓と苗字を混同した誤りだとみなし、前者は姓なので、正しくは「とよとみひでよし」ではなくて「とよとみのひでよし」と、「の」を入れて呼称すべきであると主張した。

さらに、今日でも藤原さんや菅原さん、大伴さんや大江さんといった、姓の系譜をひくような名が見うけられるが、たとえばタレントの藤原紀香のことを「ふじわらののりか」などと、「の」を入れて呼ぶ人がいないのは何故かと自問し、これらの名前の多くは、一八七五年（明治八）に「苗字必称令」が出されたことによって、古代の姓にちなんで新たにつけられた苗字だったからではないかと推測した。

北条や足利を苗字と見るか単なる地名にすぎないと見るかは見解の分かれるところだが、「の」という語の有無による姓と苗字の区別という岡野氏の方法は、なかなかに説得的である。秀吉の例に明らかなように、ここでも姓と苗字の混同の問題に目が向けられていることがわかる。

確かに、姓にしろ苗字にしろ、どちらも一定の族集団の名（姓氏《せいし》）であり、その面で共通性を持っていた。だからこそ、苗字が成立した後に、姓と苗字の混同が進行したわけだが、他方で両者の間には明確な差異も存在した。

姓と苗字の本質的な違い

今日では忘れ去られている最も本質的な差異は、右の五つの差異の中の三番目、すなわち、姓が氏名なのに対し、苗字は家名だという点に求めることができよう。氏と家という二つの族集団に対応する名が、それぞれ姓と苗字だったのである。

庶民も名のった姓と苗字

江戸時代の庶民と苗字

ところで、貴族や武士はともかくとして、一般の庶民は一体、姓や苗字とどうかかわっていたのだろうか。

この点については、読者のみなさんも中学や高校時代の歴史の授業で、「江戸時代の庶民は苗字・帯刀《たいとう》禁止だった」と習った覚えがあるのではないかと思う。そして、明治時代になり、庶民も苗字を名のるよう政府によって強制された時、多くの庶民は村のお坊さんらに頼んで、適当な苗字を決めてもらったといった話も、耳にしたことがあるかもしれない。

確かに、江戸時代において苗字は武士の特権であり、幕府や大名に貢献して特別に許可された者を除くと、領主に提出する公的な書類の中や武士の面前で庶民が苗字を用いることは厳しく禁じられていた。

だが、はたしてそれは、江戸時代の庶民が苗字を持っていなかったことを意味するか。この問いにはじめて真正面から答えたのが洞富雄《ほら》氏である。「江戸時代の一般庶民は果して苗字を持たなかったか」という、そのものズバリの題名の論稿も残されている洞氏は、江戸時代の庶民の名前を精力的に調査し、当時の庶民は武士の前では苗字を使えなかったが、だからといって苗字を持っていなかったわけではなく、下層民や新興の住民らを除くと、村の中や庶民どうしの間では、みな堂々と苗字を名のっていた事実をつきとめられた。もしそうだとすれば、明治維新のおりにあわてて苗字を作った庶民はそれほど多くはなく、むしろ、これまで内々に用いていた苗字をそのまま届け出た者の方が多数派だったことになろう。

洞氏の仕事が公にされると、さまざまな人々によって同様の事例が相次いで発表されたが、ことに豊田武氏の『苗字の歴史』が刊行されるに及んで、近世の庶民が苗字を使用していたという見解には、もはや疑問をさしはさむ余地がなくなった。

さらに時代を遡って室町時代にはどうだったか。室町時代における庶民の苗字の実態を探る上で恰好のフィールドとして、中世を通じて天皇家領の荘園（正確には、朝廷関係の建物の修造を担当する修理職《しゅりしき》という役所領の荘園）だった、丹波国山国荘《たんばのくにやまぐにのしょう》をあげることができる。

丹波国山国荘

山国荘は現在の京都市右京区京北《けいほく》、つい最近市町村合併をするまでは、京都府北桑田郡京北町という町に存在した荘園で、文字通り京都の市街地の北隣に位置する。もっとも、北隣とは言っても、両者の間は北山（丹波山地）によって隔てられている。今日の交通手段を用いて京都から山国荘の故地へ行くには、京都と若狭《わかさ》を結ぶ周山《しゅうざん》街道を車で一時間ほど走って旧京北町の中心地周山に至り、そこから北東に枝分れした道を進むルートが一般的だが、中世の当時この道は存在せず、もっぱら何本かある山越えのルートをたどって、人々は京の都との間を行き来していた（これらの山越えの道については、今谷明氏の著書『歴史の道を歩く』に詳しい）。

読者もご存知のように、北山と言えば北山杉が有名であり、周山街道沿いにも小野や中川といった材木の集積地が点在するが、山国地域もまた杉の名産地で、中世以来今日に至るまで林業が盛んである。朝廷の修理職に献上される丸太はもちろんのこと、同地で伐採

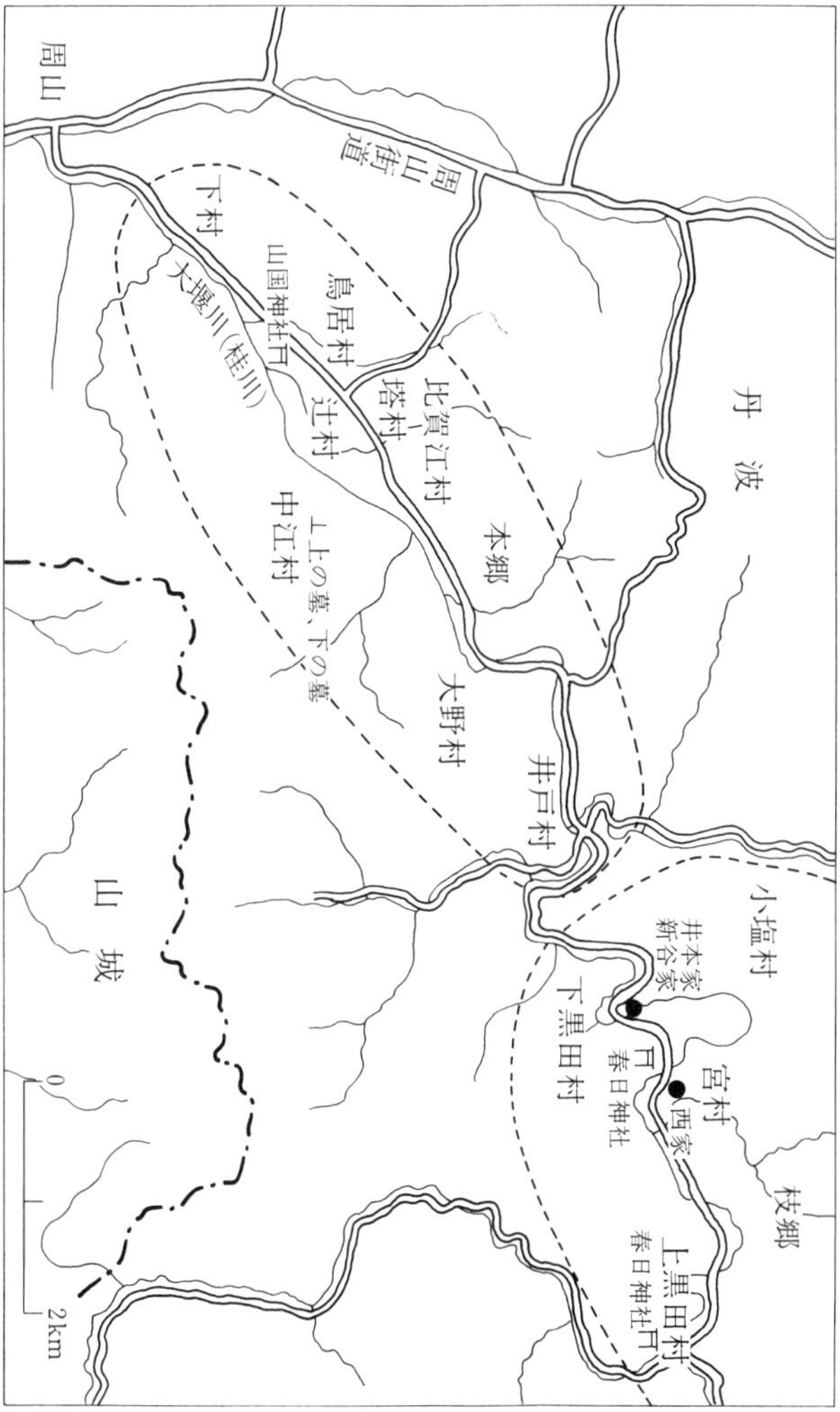

図1　丹波国山国荘関係地図

されたたくさんの材木は、筏《いかだ》に組まれて大堰川《おおいかわ》（桂川）を下り、京都市中まで運ばれた。

山国荘は広大な荘園であり、その内部にはいくつもの村が存在した。これらの村々はいつしか本郷と枝郷とに区分されていったが、戦国時代になると、山国荘全体のまとまりを、なおそれなりに保ちつつも、各村はしだいに自立の度を強めていった。

室町時代の山国荘住民の苗字

ところで、山国荘の特徴と言えば、何と言っても中世史料に見える家々が名のっていた苗字の多くが、現在まで継承されているという点である。武士クラスの有力住民ならばいざしらず、一般の村人まで含んで、室町時代以来苗字が連綿と伝えられてきた事実は、まさに驚異的だとさえ言える。今ここで、その事実を再確認するために、こうした家々の苗字を村ごとに分けてピックアップしたものが表1だが、見てのとおり、各村とも数軒の家の苗字が記されている。

以上からわかるように、少なくとも山国地域の場合、近世江戸時代どころか中世の室町時代においても、庶民は苗字を名のっていたのである。苗字が先祖代々続く家のシンボルとしての家名だとすると、この事実は、表1に示した家々が、ともかくも五〇〇年以上の長きにわたって永続していることをあらわしていると言えよう（正確に言えば、一度絶家《ぜっけ》し

表1　今日まで続く中世山国荘住民の苗字

旧村名		苗字
本郷	旧下村	水口、横田、細見、室、橋爪、大江
	旧鳥居村	鳥居、久保、辻
	旧辻村	藤野、米田
	旧中江村	小畠、西、柿木、岩本、村山、東奥
	旧塔村	高室、塔本、西山
	旧比賀江村	新井、溝口、岡本、前田、今井
	旧大野村	比果、河原林、中林、林、野尻、野上、田中、中久保
	旧井戸村	江口
枝郷	旧小塩村	
	旧下黒田村	井本、新谷、大東、和田、由利
	旧黒田宮村	菅河、西、内田、江後
	旧上黒田村	吹上、平岩、津原、坂上谷、畠

て再興された家も中にはある)。日本の家は、世代を超えての永続を強く希求する点に、最大の特色を持つが、それにつけても五〇〇年と言えば、一世代平均三〇年と考えても、ゆうに一七～一八世代は続いていることになり、その努力は並大抵のものではなかったと思われる。

残念ながら、中世史料に庶民の苗字が残されている事例は、他の地域ではそれほど多くは見あたらないが、おそらく、大なり小なり同様のことが言えるのではなかろうか。

中世山国荘住民の姓

それはそうとして、山国荘住民の場合は苗字だけでなく、何と姓までも有していた。次に、この点について考察することにしよう。左に掲げた史料(『山国荘史料』三一二)を見ていただきたい。

売り渡す　私領田地の事

(中略)

右、くだんの田地は、藤井為国買得相伝の私領なり。しかれども、直《じき》の用要あるにより、能米七石に、永代を限り、本券文をあいそえ、字亀夜叉御前に、売り渡し奉るところ明白なり。(中略)よって向後の亀鏡《きけい》、売券の状、くだんの如し。

建武四年丁丑三月廿日

売主　藤井為国（略押）
嫡子　藤井国宗（略押）
今安孫太郎（略押）
高室紀次郎（略押）
田尻信乃（略押）
三和重景（花押）

棚見公文良円（花押）

この史料は、後醍醐《ごだいご》天皇を中心とする建武《けんむ》政権が、足利尊氏らの離反によって瓦解し、いわゆる南北朝の内乱に突入して間もない一三三七年（建武四）に、山国荘住民の藤井為国が田地四五代（面積の単位で三二四歩《ぶ》にあたる）を亀夜叉御前《かめやしゃごぜ》という女性に売却した際の売券（売却証明書）だが、注目したいのは、売主の為国や保証人として連署した人々の名前である。これらの人名の上半分は姓だろうか苗字だろうか。

ここで、先に述べた「姓と苗字の違い」に関する四番目の指摘、つまり、「姓は実名とワンセットなのに対し、苗字は字とワンセットになることが多い」という指摘が実際に役立ってくる。この観点から右の売券の人名（法名で署名している公文《くもん》良円は除く）に着目すると、藤井、今安、高室、田尻、三和のうち、為国・国宗・重景という実名とセットで用いられている藤井と三和（三輪）は姓、孫太郎・紀次郎・信乃（信濃）という字とセットをなす今安・高室・田尻は苗字とみなすことができる（字については次章で詳しく述べる）。

ようするに、同史料には姓と苗字が混在しているのであり、山国荘の住民は、苗字のみならず、何と姓までも名のっていたことが判明する。今、同様の識別方法を用いて当時の人名を姓と苗字とに区別すると、これ以降苗字が急増する事実が見てとれる。それは、山国荘において史料上に苗字が登場するのが一四世紀前半であり、一五世紀になると、住民の苗字使用が一般化したことを物語っている（表2を参照）。

鎌倉時代の庶民と姓

では、苗字が用いられ始める前の状況はどうだったか。この問題を山国荘のケースに限定して論ずるのは、やや事例不足の感が否めないため、他の地域の事例に目を向けることにしよう。五二・五三ページの表3は鎌倉時代のほとんどの文書史料を編年で収録した『鎌倉遺文』という史料集から、一三〇〇年（正安《しょうあん》二）以前に各地の荘園において住民が領主に対し、訴訟に及んだり、さまざまな要望を陳情したりする際に作成した文書（「住人等解状《じゅうにんらげじょう》」「百姓等申状《ひゃくしょうらもうしじょう》」「百姓等言上《ひゃくしょうらごんじょう》

表2　山国荘住民の苗字の初見

年代	苗字	小計
14世紀前半	今安、高室、田尻	3
14世紀後半	溝口、新井、大宅、北	4
15世紀前半	池尻、林、山吹、比果、鶴野、吹野、小畠、坂尻、由利、菅河、塩野、中江、和田	13
15世紀後半	溝尻、大野、新屋、宇津和、大西、藤野、三条原、江口、前田、庄前、野尻、比果江、竹原、森脇、長塚、小塩口、甘木、大江(大家)、井鼻、坊、南、中(井本)、久保、庄、塔下、下上、釜田	27
16世紀前半	鳥居、中西、横田、水口、横屋、坂上谷、平井、黒野、中畠、清水、辻、米田、上手、上野、杼木、小磯、中塚、石畠、田中、佃、西、畠、井戸、柿木原、吹上、田口、灰屋、小西、堂下(堂本)、内田、江後、丹波屋	32
16世紀後半	窪田、貝井尻、麹屋、西山、森下、平谷、夷、東谷、村山、津原、丹、三宅谷、今井尻、前、辻河原、紙屋、鵜川、中井、大西後、下原、淵野辺、河原、下浦、柿木、井上、石原、前辻、塚、脇田、中、大蔵、虫生、奥、梅谷、高野、橋爪、貝田、室、野上、河原林、喜田川、東(大東)、紺屋、長塚、中野、井口、槇山、上、高橋、谷川、谷口、宮井、森脇、中田	54
合計		133

注　中世の年号をもつものでも、明らかに近世に偽作されたことがわかる文書に載っている苗字は除いた。

1269	紀伊 柴目村	①藤原姓×3名、②佐伯姓×1名、③小野姓×1名、④占世姓×1名、⑤力姓×1名	10481
1269	大和 福田荘	①高向姓×2名、②紀姓×1名、③草賀姓×1名、④小部姓×1名、⑤坂部姓×1名	10490
1270	摂津 武庫西条	①錦部姓×4名、②仲原姓×2名、③安曇姓×1名、	10646
1271	大和 松本荘	①安部姓×3名、②大賀姓×1名、③津守姓×1名、④鳥取姓×1名、⑤藤井姓×1名、⑥土師姓×1名	10780
1278	若狭 太良荘	①綾部姓×1名、②凡海姓×1名、③小槻姓×1名、④大中臣姓×1名、⑤源姓×1名	13063
1290	伊予 弓削島荘	①平姓×3名、②秦姓×1名、③藤井姓×1名、④宗岡姓×1名、⑤公姓×1名	17491

注1　年代的には鎌倉幕府成立時から1300年までに限定した。
2　一般的な姓とはやや異なるものも含まれているが、実名とセットで用いられている人名をもって、姓とみなした。
3　史料番号は『鎌倉遺文』の番号を示す。
4　姓を名のる署名者が２名以下の文書は表から除外した。

表3　各種上申文書連署者の姓

西暦	荘　名	姓	史料番号
1199	紀伊 神野・真国両荘	①坂上姓×10名、②長賀姓×7名、③国覔姓×6名、④真上姓×2名、⑤阿保姓×2名、⑥藤井姓×1名、⑦大中臣姓×1名、⑧紀伊姓×1名、⑨中原姓×1名、⑩内蔵姓×1名、⑪鳥取姓×1名、⑫源姓×1名	1060
1213	不明 (東大寺領)	①藤原姓×2名、②布部姓×1名、③佐那具姓×1名、④内紀姓×1名	2035
1245	紀伊 野上荘	①紀姓×5名、②藤原姓×1名、③赤坂姓×1名、④秦姓×1名、⑤中原姓×1名、⑥源姓×1名	6519
1248	伊賀 玉滝荘	①清原姓×2名、②岩村姓×1名、③高橋姓×1名、④大中臣姓×1名、⑤丹治姓×1名	7058
1248	伊賀 鞆田荘	①藤原姓×2名、②大中臣姓×2名、③源姓×1名、④中原姓×1名	7058
1248	伊賀 湯船荘	①尾張姓×2名、②河内姓×1名、③山長姓×1名、④高橋姓×1名	7058
1248	伊賀 内保荘	①藤井姓×3名、②大中臣姓×1名、③村主姓×1名	7058
1248	伊賀 槙山荘	①紀姓×1名、②布施姓×1名、③大中臣姓×1名、④秦姓×1名、⑤藤井姓×1名	7058
1262	近江 奥嶋	①錦姓×6名、②紀姓×3名、③佐伯姓×1名、④高向姓×1名、⑤坂上姓×1名、⑥秦姓×1名、⑦菅原姓×1名	8881

状《じょう》」などと呼ばれる）をピックアップし、そこに署名した人々を一覧表化したものである。たとえば、一一九九年（正治元《しょうじ》）の「紀伊国神野《きいのくにかんの》・真国《まくに》両荘百姓等言上状」においては、坂上貞清・坂上是永・坂上依貞ら坂上《さかのうえ》姓一〇名のほか、長賀姓七名、国覔《くにみ》姓六名をはじめ、総計三四名の百姓が一二の姓をもって署名しているが、表3からもわかるように、鎌倉時代の百姓は、源しかり、平しかり、藤原しかり、清原しかり、中原しかり、坂上しかり、紀しかり、古代以来の貴族のそれと見まごうばかりの実に堂々とした姓と実名とを名のっていた。

確かに、表3に見える人物の中には、下司《げし》や公文《くもん》といった荘官《しょうかん》（荘園の現地管理責任者）クラスの武士が一部含まれている可能性も否定できない。だが、「百姓等申状」という以上、そこに記された人名の大部分は、武士ではなく一般庶民のものと考えて、まず間違いないということができる。

このように、鎌倉時代の庶民の多くは貴族や武士と同様に、公的な儀式の場や公文書の中で姓・実名を用いていたのである。もちろん、鎌倉時代の段階には、庶民のレベルでいまだ苗字は存在しなかった。

庶民の擬似的な姓の復活

ところで、先ほど姓に関する加藤晃氏の見解を紹介した際にも触れたことだが、姓は家名ではなく氏名《うじな》であり、あくまでも氏と称する族的な集団に固有の名だった。したがって、藤原氏という氏に属する人々は、みな藤原の姓を名のりえる者だったことになるが、これは藤原の姓を用いている庶民も、摂《せっ》関《かん》家に代表される上流貴族と同様に藤原氏の一員であったことを意味するのだろうか。

多分、そうではあるまい。古代においても庶民は、貴族の氏の構成員でなかったにもかかわらず、擬似的な姓を名のっていたが、八世紀末〜九世紀に至っていったん消滅した擬似的な姓が、平安時代のある段階に復活したことは、十分に考えられる事態だと言える。おそらく、庶民は庶民のレベルで、一つの荘園・公領、あるいはいくつかの荘園・公領を合せた一定の地域社会の範囲において、独自の氏を形成し、貴族の姓を真似て、藤原・源・平などと名のっていたのではなかろうか。

庶民の氏の実態(1)

ただし、庶民の氏がどこまで実態をともなった族的集団だったかという点については、まだまだ議論の余地がありそうである。かつて私は、鎌倉時代における庶民の氏の役割として、①氏神の祭りの運営、②氏産《うじさん》と呼ばれる財産の管理、③公事《くじ》という領主の年中行事にかかわる負担のとりまとめ、の三点をあげた（「中世の家と女性」）。

ここで①〜③に関し、もう少し詳しく見てみよう。まずは①から。「四月神祭、まつる時さきもあふかな卯花《うのはな》は猶《なお》氏神の花にぞ有ける」（『古事類苑』神祇部）。これは、四月に行われる神祭の様子を詠んだ紀貫之《きのつらゆき》の和歌である。そこには、四月の神祭の季節、屋敷の周囲に廻《めぐ》らされた垣に、卯の花が咲き誇っている様子が描写されているが、貫之がこの卯の花を氏神の花とみなしている点に着目したい。

保立《ほたて》道久氏によれば、右の和歌に詠われている卯の花に囲まれた屋敷は、富豪層と呼ばれる地方豪族のそれであり、また、この氏神は後の時代における村々の鎮守の氏神ではなく、貫之が活躍した一〇世紀前半段階における、地方豪族を中心とした氏的な族集団の祭神としての氏神だとのことである（「巨柱神話と『天道花』」）。おそらく、鎌倉時代の庶民の氏と氏神祭祀も、平安時代中頃の富豪層のそれの延長線上に位置づけることができるのではなかろうか。

庶民の氏の実態(2)

次に②だが、中世独特の財産権として、職＝シキというものがある。これは、「中世荘園制」の展開過程で形成された制度で、公的職務と社会的地位、そして、それに付随する利権（収益権・得分権）などが渾然一体となったものであり、上は荘園領主の本家職や領家職から、下は百姓の名主職や番頭職に至るまで、事実上おのおのの財産とみなされた。

この番頭職をめぐり、一二四五年（寛元《かんげん》三）に紀伊国野上荘《のがみのしょう》で発生した相論《そうろん》（裁判）は興味深い。まずはかなりの長文ながら、提訴した側（訴人《そにん》）が認めた訴状《そじょう》と呼ばれる史料を読むことにする。

野上御庄庄官・番頭等謹んで言上《ごんじょう》す

仰せ下さるるところの下津野番頭職の事

くだんの子細は、かの職は、恒安の妻の親父守恒の先祖相伝の所職なり。しかるに守恒死去の後、嫡男金王丸、かの職をあい継ぎ、金王丸死去の後、守恒の嫡女これを給う。これ数年を過ぐるのところ、末正の子息いわれ無くかの職を申し給《たま》い、今に知行《ちぎょう》す。これ非拠のきわみなり。守恒死去の後三箇年を経《へ》、末正、金王丸の母をあい具するの後、儲けるところの子息なり。末正は、守恒とは異姓他人たるなり。金王丸の舎弟童、同じく守恒とはこれ異姓他人たるなり。たとい金王丸の舎弟たるといえども、何ぞかの職を非氏の者に譲るべけんや。その上、かくの如くの御庄職等、その氏の物として譲り与うの

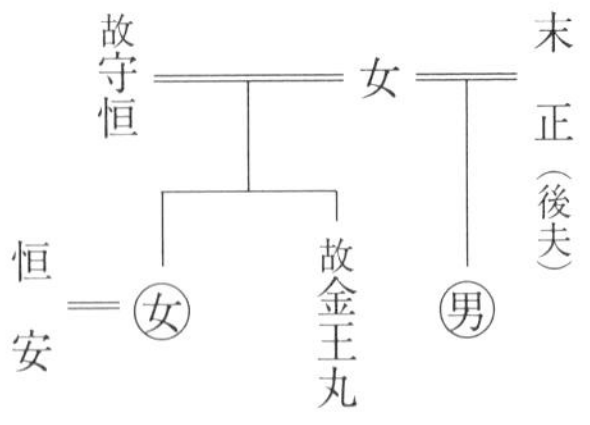

図2　野上荘番頭職相論関係

　時は、庄官等に告げ、譲り状を定むるの事、当御領の例なり。金王丸死去の剋《きざみ》、末正の子息に譲るの由《よし》、全くその披露無し。ただ末正謀略を構え、暗にくだんの職を申し給うの条、恒安の妻として、不便の次第なり。嫡男無かば、嫡女、親跡を相伝《そうでん》の事、御庄例その隠れ無し。誰ぞかの職を懸け望むべけんや。恒安の妻、愁《うれ》い申せしむるの状、道理顕然なり。（後略）

　これは、表3中の三番目の事例にあたる。似たような名前の人物が何人もあらわれて、混乱されたことと思うので、登場人物の人間関係を図2に示した。事件をきわめて単純化すると、亡くなった守恒（姓不詳）が有していた番頭職の相続争いということができる。この番頭職は、守恒の死去後、嫡男の金王丸が相続したのだが、彼も若くして死去してしまい、その跡を故守恒の娘（金王丸と同父の姉妹）が継ぐか、はたまた故守恒の妻が再婚した夫末正（姓不詳）との間にもうけた男子（名前不詳）が継ぐかでトラブルが発生するところとなった。

　その際、紀《き》・秦《はた》・菅原《すがわら》などの姓を名のる野上荘の住民たちは、「異姓他人」である「非氏者」、すなわち、故守恒の妻が再婚し、別の氏に属する後夫末正との間にもうけた男子には、番頭職を相続する資格がないと述べ、父と同姓を名のる故守恒の娘による相続を支持して、この訴状を提出している。

つまり、ここ野上荘においては、たとえ特定の父子間で相続がなされようとも、本来的に職は氏の財産と観念されており、氏人《うじびと》（氏のメンバー）以外の者が相続することはできないという慣習が存在したのである。

庶民の氏の実態(3)

最後に③について。一二〇八年（承元二《じょうげん》）の「日置永枝田地売券《へぎのながえだでんちばいけん》」（『鎌倉遺文』一七六二）の裏書（文書の裏側に書かれた文章）によると、この田には日置氏という氏に課された元興寺修正会《がんごうじしゅしょうえ》の公事（元興寺が正月の仏事を行う際に必要な課役）がかかり、その公事をきちんと勤めない者は氏人から除かれたことがわかる。

右の事実は、天皇に奉仕するための組織として、古代貴族の氏が形成されたのと同様に、鎌倉時代の庶民の氏も、公に対する奉仕組織といった側面を持っていたことを示している。網野善彦氏や富沢清人氏は、公事が本来共同体の行事を遂行するための負担であり、だからこそ、この課役を負っている者のみが、共同体の成員として認知されたことを明らかにしたが（網野『日本中世の民衆像』、富沢他『日本経済史』）、こうした意味で鎌倉時代における庶民の氏のメンバー（氏人）は、村共同体のメンバーそのものだったのである。おそらく、いくつかの氏によって村は構成されており、正規の村人はいずれかの氏に属していたのではなかろうか。

以上、庶民の氏の役割について述べてきた。なにぶん関連史料が少ないため、さらに具体的な実態を明らかにすることは、残念ながらできないが、いずれにせよ、庶民の氏が一定の役割をもった族的な組織であり、その構成員である氏人が名のりえた名が姓だったことは、まず間違いない。

男性の名前

中世男性の名前の種類

前章では中世男性の人名の上半分にあたる姓と苗字について述べてきた。だが、姓や苗字はだれもがみな名のれる名前とは限らない。そこで、本章においては人名の下半分にあたる名前のうち、男性名に焦点を当ててみたい。

庶民の男性名の特色

まずここで、中世庶民の人名（男性名）の特色はどのようなところにあるか考えよう。第一に、ひとりの人物が複数の名前を持ち、成長とともに、あるいはケース・バイ・ケースでこれらの名前を使い分けていたという事実があげられる。

もちろん、今日でも苗字と下の名前のほかに、あだ名で呼ばれたり、課長・教授といった具合に、役職名や地位で呼ばれたり、「函館のおじさん」「八王子のおばさん」といった具合に、地名で呼ばれたりすることもあるが、中世においては複数の名を持つことが、今とは比べものにならないほどに一般的だった。

彼らは幼少時代の童名《どうみょう》→烏帽子成《えぼしな》り（成人儀礼）の儀式を済ませて名のる成人名→官途《かんと》成《な》りの儀式を済ませて名のる官途名（官職名）→入道成《にゅうどうな》りの儀式を済ませて名のる法名《ほうみょう》（僧侶名）の順で、年齢を重ねるにしたがって名前を変えた。これは、前々章で記したとおり、前近代における庶民の一生が、時間的な区分のない、「のんべんだらり」とした加齢ではなく、一定の儀式によって区画されるいくつかのカテゴリーに分かれていたこと、一つのカテゴリーから他のカテゴリーへの移行（変身）を目に見える（耳で聞こえる）形で示すものが、人名の変化であったことを意味している。

また、中世においては同一人物がある時には姓と実名《じつみょう》を名のり、ある時には苗字を名のり、ある時には字（通称）を名のるというように、時と場合に応じていくつかの名前を使い分けていた。

第二に、村なら村、町なら町の共同体の内部に存在する身分の違いによって、名のれる名前に制限があった。特に村社会の場合、宮座《みやざ》と呼ばれる鎮守の神社の祭祀《さいし》組織のメンバー（座衆）であるか否かの違い、あるいは座衆内部でも地位の違いにもとづくこうした制限が、顕著に見うけられた。これは、中世が身分制の社会であったことの必然的な帰結だと言える。

第三に、前近代の庶民は何らかの族的な集団に所属することなしには生活を維持しえなかったが、前章で明らかにしたように、中世庶民の姓と苗字は、この族的集団のメンバーが名のる名前だった。前者は氏の名（氏名《うじな》）であり、後者は家の名（家名）である。中世前期における庶民の男性の中には、姓を有している者がかなりの割合で含まれており、同じく中世後期における庶民の男性の中には、苗字（と姓）を有している者が、それなりの数存在した。

姓と実名

山国荘《やまぐにのしょう》の東隣は山城国久多荘《やましろのくにくたのしょう》という山間荘園だが、さらにその東隣、比良《ひら》山系と丹波《たんば》山地の谷あいをぬって琵琶湖に注ぎ込む安曇川《あどがわ》の上流域から中流域にかけての川沿いに、近江国葛川《おうみのくにかつらがわ》は位置する。平安時代に名僧相応《そうおう》が開いたと伝えられる葛川は、山門延暦《えんりやく》寺の修験《しゆげん》道場として著名な山里であり、毎年春と秋の二回、延暦寺の行者《ぎようじや》衆が訪れて、名利明王院《めいさつみようおういん》やその背後にそびえる滝山の滝で、厳しい修行を行なった。

同地は明王院を中心とする宗教的聖地であった関係上、明王院に対する奉仕者と認められた一部の者（住人）を除き、庶民の居住は厳しく制限されたが、聖地であるがために、あまり伐採されずに残っている豊かな山林資源を求め、たくさんの人々が領主延暦寺の制止を無視して同地に移り住んだ。

こうして、鎌倉時代も後半になると、葛川には新しく定住した新在家《しんざいけ》をも含み込んだ形で、村としてのまとまりが形成されることとなったが、これ以降の葛川の歴史は、山林資源の帰属をめぐっての、周辺の諸荘園との激烈な対立の歴史であり、また、開発を抑えようとする領主延暦寺とのトラブルの歴史でもあった。

さて、次ページの表4は中世葛川住民の人名のうち、姓と実名《じつみょう》をピックアップしたものである。ご覧のとおり葛川の住民は、秦《はた》・弓削《ゆげ》・清原・藤井といった姓とともに、家恒・友宗・重房・重貞・守重といった、実に堂々とした実名を持っていた。

彼らの中に、下立山《おりたてやま》の帰属をめぐって対立関係にあった伊香立荘《いかだつのしょう》の住民から、「根本《こんぽん》浪人末孫《ろうにんまつそん》」とみなされている人々（かつて新在家として定着した者の子孫）も含まれていたことは、「根本浪人末孫」を記したリストに名前があがっている新清《しんせい》入道なる人物が、清原友恒という姓と実名を持っていた事実からも明らかだと言えるが（拙著『日本中世の

表4　葛川住民の姓と実名

姓	実　　名
秦	家恒、友宗、重包、国弘、恒正、友正、恒安
弓削	重房、重貞、助貞、為貞、行重
清原	守重、恒重、国友、重恒、重国
藤井	友重、友貞、利宗
惟原	為行
宗足	重吉
菅原	末友
大石	国吉
はしの？	国重
きさいち？	重宗
姓不明	重友、貞友、在清、吉正、友恒、恒友

氏・家・村』)、このように、姓や実名はごく一部の者しか用いることができない名前だったわけでは決してなく、少なくとも葛川の場合、かなり広範な人々がそれを名のった。

なお、六八・六九ページの表5は山国荘住民の実名一覧だが、同地でも実名がごく一般的に使われていたことがはっきりとわかる。前章で述べたことの繰り返しになってしまうが、鎌倉時代の庶民は貴族の氏を真似て独自の氏を形成した。そして、貴族や武士のケースと同様に、庶民のレベルでも姓と実名は氏集団の構成メンバーを明示する役割をはたしたのである。

字の種類

中世の庶民は、日常的には字《あざな》と呼ばれる通称を用いていた。字についての詳しい説明は、次節以降において近江国菅浦《すがのうら》や紀伊国《きいのくに》粉河寺領《こがわでらりょう》東村《ひがしむら》の事例をもとに行うとして、ここでは、字をいくつかに類別し、それぞれの特色を明らかにしたい。

まず字の種類だが、①姓型字《せいがたあざな》、②官途名型字《かんとめいがたあざな》、③童名型字《どうみょうがたあざな》、④その他の字の四つがあげられる。①の姓型字とは、姓にあたる漢字を含んだ字で、たとえば、源次・平三・藤三郎・中八・新清・紀内といった字がそれにあたる。葛川の住民新藤次が藤井友重、新清が清原氏だったこと、同じく近江国菅浦の藤次郎が藤井国弘という人物だったことからす

姓		実名
姓不明	A	重清、景親、康清、為清、清重、貞親、清延、重則、為長、康信、清次、成家、勝家、正吉、為重、久景、清方、清正、清任、為景、清久、清親、為久、久清、宗繁、宗忠
	B	久充、久成、久親、真基、貞国、宗盛、吉成、吉賢、清賀、行長、行重、景行、重成、重文、頼重、守定、守辰、恒中、守勝、守胤、吉茂、貞光、助侶、武利、行禎、行方、吉民、福則、福章、盛久、近保、包正、近行、国永、国光、国匡、守直、貞篤、守安、重弘、久泰、久薫、恒基、恒親、国宣、国厚、国隆、武重、光常、光宗、永国、国房、清房、末盛、末資、師久、包高、国貞、兼昆、道昆、房延、房往、為治、為与、尚広、道秀、教秀、末次、末賢、末茂、茂春、親益、益利、則次、吉景
	C	友久、景久、信成、国光、光国、友祐、重春、道善、信連、道吉、重康、友春、成高、末連、兼元、光常、師高、春沖、百之、長光、兼氏、師光、国厚、信玄、時次、時光、運光、正方、正勝、時盛、常久、成高、貞高、春安、道玄、政房、康長、忠奥、友勝、行綱、行重、峯信、有武、有純、直俊、公儀、義成、盛俊、村雄、清為、村徳、為清、百俊、信貫、繁勝、重貫、時兼、倍家、保方、行景、友国、為朝、広義、忠国、国友、友清

表5　山国荘住民の姓と実名

姓	実　名
大和	重広
紀	久任、安清、ひろかね、光延、為久、★貞利
身人部(壬部)	清景、清重、★久顕、★守清
三和(三輪)	為景、為清、重景
采女部	森長、貞国、清貞、国宗、清宗、国光、清永、国貞、貞清、清国、★貞任、永国
佐伯	国久、清久、★清路
藤井	末永、為国、国宗、★貞行、★友定
秦	清重、★国俊
橘	重吉、久重
藤原	清信
高山部	重国、国光、国弘、貞国
大江	重任
★和気	★正勝
★源	★貞詮
★丹波	★為康
★吉野	★長尚
※平	※高久

注1　表中の★印と姓不明のB欄は「山国荘私領田畑配分並官位次第」(野田只夫編『丹波国山国荘史料』349号)に、※印と姓不明のC欄は「郷中名主交名」(『山国荘史料』351号)に載っている人名である。これらの由緒書は中世年号をもつものの、近世の作であることが明らかなため、一応区別することにした。

2　表中の印がついていないものと、姓不明のA欄は、それ以外の史料に載っている人名である。

ると、若干の例外はあるものの、姓と姓型字とは基本的には対応関係にあり、同じ姓を持つ者が同じ漢字（姓にあたる漢字）を含む姓型字を用いた可能性はかなり高い。

②の官途名型字は、朝廷の官職名を取り入れた字である。これはさらに、（ア）和泉大夫《いずみたゆう》・因幡《いなば》大夫・越後《えちご》大夫など国名《くにな》を用いているもの、（イ）左衛門《さえもん》・右兵衛《うひょうえ》・左近《さこん》・勘右衛門《かんえもん》・兵衛太郎《ひょうえたろう》など中央官庁の役職名を用いているもの、の二つに分けられる。（ア）の国名は、国司《こくし》の地位をあらわす。（イ）は、おおむね五位か六位あたりの位階に相当する官職が多数を占める。

通常、五位以上のものが貴族とみなされることからすると、五位～六位相当の官職とは、貴族の世界では最下級の官職にすぎないが、地方の武士にとってそれを得ることは、みずからを貴族の世界の一員として位置づけることを意味しており、地域社会の中で勢力を拡大するためには、可能ならば是が非でも欲しい官職だった。

もちろん、さすがに武士以外の庶民にとって、本来これらの官職はどんなに望んでも絶対に手に入れることができない「高嶺《たかね》の花」だったが、室町時代になると、官職の値打ちの下落が急激に進むことによって、たとえば天皇家領だった山国荘の場合、朝廷から実際に五位～六位相当の官職が住民に対し与えられたし（といっても単なるステータスにすぎず、職務は担当しない）、一般の荘園でも領主である貴族や大寺社の黙認のもとで、こうした官職にもとづく字が堂々と名のられるようになった。なお、その他に荘司《しょうじ》・別当・検校《けんぎょう》といったものも、②の官途名型字として存在した。

②は村の鎮守の祭祀組織として結成された宮座の場において、「官途成り」という儀式を行うことにより、老衆《おとなしゅう》（乙名衆）に列せられた者に与えられた名前である。宮座の構成メンバーが、特定の家筋の上層住民のみに限定されていたか、それともすべての住民（といっても男だけ）に開放されていたかという未解決の重要問題は、ここではとりあえずさておいたとしても、宮座で「官途成り」を行うためには高額の寄付が必要であり、そう考えると、官途名型字を名のる人々はやはり、経済的な面で相当に裕福な上層住民だったと思われる（薗部寿樹『日本中世村落内身分の研究』）。

当時の村人の名前の中には、平三大夫や中八大夫といったように、①の姓型字の下に大夫の語をつけた人名も見うけられるが、これも官途名型字と同様に、宮座において大夫成りの儀式を行い、乙名衆となった上層住民が用いた特権的な称号だった。

三番目に③の童名型字であるが、これは子ども時代にみなが名のっていた童名が、人によっては成人年齢に達しても改名されずに、そのまま字化したものと言える。犬次郎・辰三郎・鬼次郎・松丸・菊五郎といった、動物・植物の名を含んだ字や、観音太郎・釈迦次郎・毘沙門三郎といった、仏神の名を含んだ字は、童名型字の代表例としてあげられる。

「七歳までは神のうち」という言葉もあるように、子どもは人以前の存在、仏神・自然（イコール異界）に近い存在とみなされていたため、童名には仏神名や動・植物名が多かったが、年齢的には大人になっても改名できずに、相変わらず童名しか名のれない人々は、ステージアップする道を閉ざされた、社会的に一人前扱いされていない者、つまり、何らかの差別の対象となるような下層民であったかもしれない。もちろん、童名型字には、決して大夫の称号がつくことはなかった。

最後に④には、①〜③以外のすべての字が含まれる。一郎・三郎・三郎五郎・八五郎など数字に郎をつけた名前や、数字の上に孫・弥・助・彦・新・与・又などをつけた名前（孫太郎・助三郎など）をはじめ、それこそさまざまな字からなる。おそらく、数字は出生の順番（排行《はいこう》）と一定の関係があるのではなかろうか（三郎五郎のようなケースは、父親が三男で、その五男が本人であることを示していると考えれば、意味がとおる）。分割相続が残る社会において、財産相続を行う際に、出生順はおのおのが相続する財産の分量を決める一つの重要な基準となったと言うことができる。

法名

法名とは、仏門に入り頭を丸めた者が用いる名で、たとえば常修・西念・浄仏・道円といったように、漢字二字を音読みにする形が一般的である。後述する近江国菅浦をはじめとして、始祖一遍《いっぺん》の「踊念仏」で有名な時宗《じしゅう》が勢力を持っている地域では、こうした法名のほかに、善阿弥陀仏・法阿弥陀仏といったような、阿弥陀号を法名とする者も、相当数存在した。

ただし、庶民の場合、正式に出家して僧侶となり、寺院に入って学や行を修める者の数はそれほど多くはない。大部分は宮座の老衆のメンバーの中でも特に財力のある高齢者が、「入道成り」の儀式を行い剃髪することによって、沙弥《しゃみ》・入道として、俗界で日常生活を続けたまま法名を名のった。その意味で、法名の人物は宮座を主導する老衆のうちの最長老だとみなすことができる。

もっとも、飯沼氏も指摘するように、戦国時代になって若衆の台頭や隠居制度の広まりなどを背景に、老人の社会的地位が低下すると、それに比例して法名の権威も低下し、全男性名中に占める法名の割合は、だんだんと減り始めることとなった。

近江国菅浦住民の人名

菅浦住民の人名

近江国菅浦《おうみのくにすがのうら》。中世の惣村《そうそん》を研究する者ならば誰でも知っているこの風光明媚《めいび》な村は、琵琶湖《びわこ》の北岸に突き出た小半島のほぼ中ほどに位置する。竹生島《ちくぶしま》を眼前に望む同地は、半島の付根あたりに拓かれた日指《ひさし》・諸河《もろかわ》の耕地の帰属をめぐって、隣の大浦荘《おおうらのしょう》と中世を通じて血みどろの争いを繰り返したが、この相論《そうろん》を有利に導くために、たくさんの文書が作成され、それらの文書の多くは鎮守の大明神《だいみょうじん》(現在の須賀《すが》神社)にしまってある箱の中に入れられて、今日に至るまで大切に保管されてきた。

こうして、大量に残存する菅浦の中世文書を利用することによって、惣村研究は飛躍的

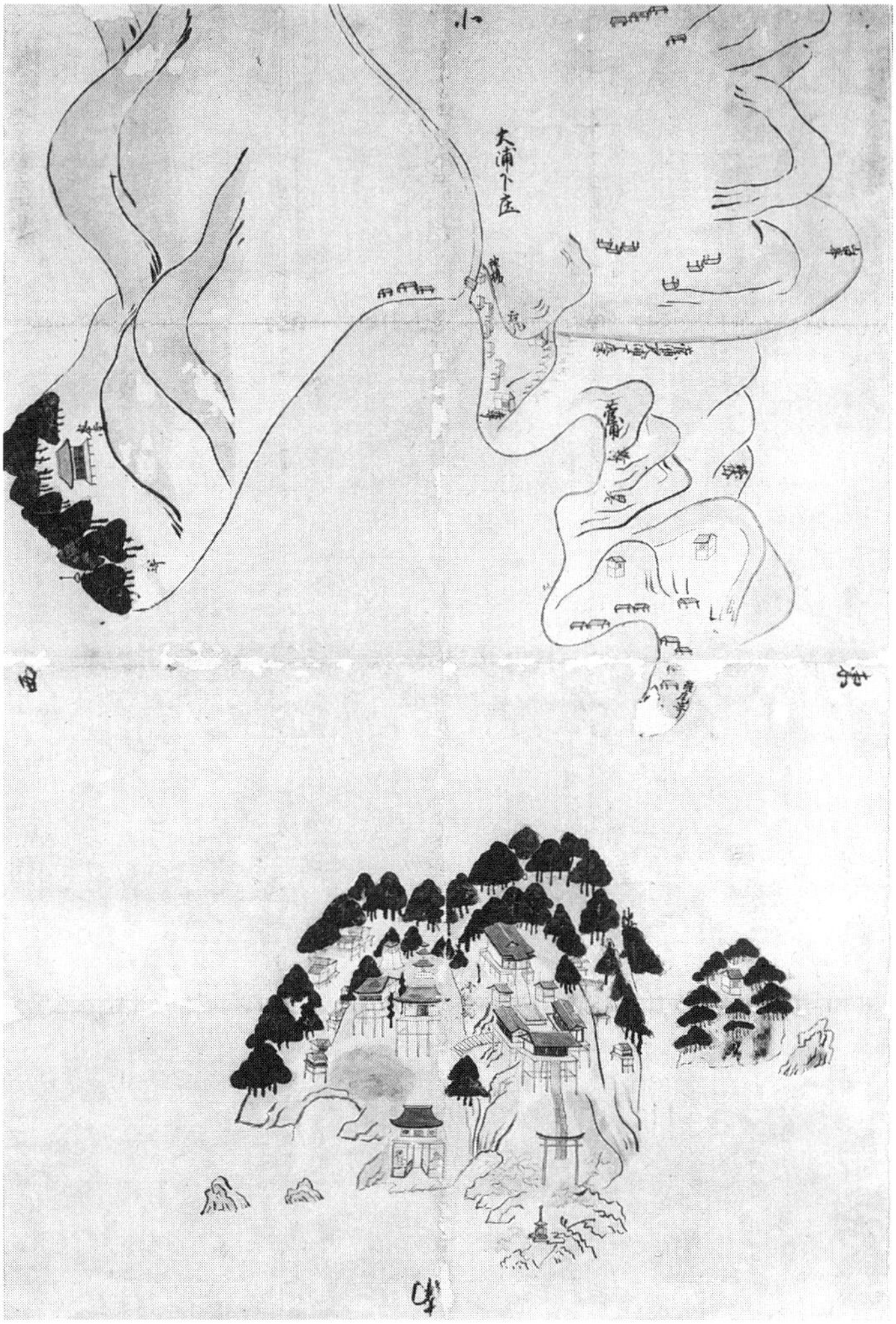

図３　近江国菅浦与大浦下荘堺絵図（滋賀県・須賀神社所蔵）

に進むこととなったが、ここで私が注目したいのは、文書の内容ではなく、文書に見える人名である。表6は『菅浦文書』所収の諸史料に記載されている菅浦住民の全人名を、①姓型《せいがた》字《あざな》、②官途名《かんとめい》型字、③童名《どうみょう》型字、④法名《ほうみょう》、⑤その他の字、⑥実名《じつみょう》に分類し、それぞれがどれくらいの数にのぼるか、年代別に集計したものである（菅浦住民の字に関する本節と次節の記述は、坂田「中世百姓の人名と村社会」の内容をもとにしている）。

表6からわかること

では、表6からどのようなことが明らかになるだろうか。第一に、延べ三二八五人に及ぶ総人名のうち、約三分の一強（一一七三人、三五・七％）を姓型字が、三分の一（一〇八九人、三三・二％）をその他の字（童名を除く）が占め、以下官途名型字が二割（六三九人、一九・五％）、法名が一割（三三四人、一〇・二％）の順で続く。菅浦においては、童名型字はきわめてわずかしか存在しない（六人、〇・二％）。また、実名は一三〇一年〜一三五〇年にかなりまとまって残っているものの、総数ではこれもごくわずか（四四人、一・三％）にとどまっている。

第二に、姓型字の大部分は源・平・藤、そして清の四つで、これだけで全人名の三分の一弱（一〇七〇人、三二・六％）にのぼる。全人名中に占める姓型字の割合は一貫して高いが、それでも一五世紀後半以降若干低下する（四〇％台→三〇％台）。なお、一四世紀前半

表6　中世菅浦百姓全人名の類型区分

人名類型＼年代		1251~1300	1301~1350	1351~1400	1401~1450	1451~1500	1501~1550	1551~1600	欠年	合計
姓型字	藤	7	29	13	41	30	77	35	75	307
	源	7	6	3	11	11	64	38	50	190
	平	2	14	10	24	26	88	39	54	257
	清	2	12	5	12	31	104	61	89	316
	中	3	9	2	5	10	8	5	7	49
	紀	0	2	0	0	0	0	0	0	2
	江	3	6	3	3	4	10	5	18	52
	小計	24(44.4)	78(35.0)	36(41.4)	96(45.5)	112(36.4)	351(36.8)	183(33.6)	293(32.4)	1173
官途名型字	受領名	1	5	2	1	3	11	4	6	33
	衛門	0	0	0	4	10	35	22	34	105
	兵衛	0	1	0	3	19	64	40	52	179
	左近・右近	0	1	0	6	13	56	36	49	161
	その他	2	20	7	5	10	42	22	53	161
	小計	3(5.6)	27(12.1)	9(10.4)	19(9.0)	55(17.9)	208(21.8)	124(22.8)	194(21.5)	639
法名	法名	3	42	15	32	39	35	6	40	212
	阿弥陀名	1	13	16	7	11	34	8	32	122
	小計	4(7.4)	55(24.7)	31(35.6)	39(18.5)	50(16.2)	69(7.3)	14(2.5)	72(8.0)	334
その他の字	孫	2	5	0	14	6	40	17	35	119
	助	2	3	0	2	3	20	14	12	56
	彦	0	0	0	3	8	29	6	23	69
	新	3	0	2	8	17	55	28	50	163
	又	2	1	0	3	3	7	9	6	31
	弥	0	1	4	5	13	26	14	32	95
	与	0	0	0	0	6	50	31	37	124
	○郎×郎	1	3	0	7	11	38	34	39	133
	○郎	0	6	3	3	11	36	34	41	134
	○×郎	0	1	1	2	0	0	3	1	8
	童名	0	0	0	1	0	0	0	5	6
	その他	13	3	1	9	12	22	34	63	160
	小計	23(42.6)	23(10.3)	11(12.6)	57(27.0)	90(29.2)	323(33.9)	224(41.1)	344(38.0)	1095
実名		0(0)	40(17.9)	0(0)	0(0)	1(0.3)	2(0.2)	0(0)	1(0.1)	44
総計		54	223	87	211	308	953	54	904	3285
女性名		0	0	3	5	1	9	15	19	52

注　(　)内はそれぞれの人名類型のパーセンテージを示す。

に姓型字の割合がいったん三五％まで落ち込んでいるが、これは、たまたまこの時代だけ実名が多数載っている史料が残存したという特殊事情による。実名を除くと姓型字は四二・六％となり、前後の時代とほぼ同程度のパーセンテージを保っている。

第三に、官途名型字の割合は、一五世紀後半以降急に高まり、一六世紀には二〇％強となる。官途名型字のうち、衛門や兵衛、左近・右近は一四世紀段階にはほとんど目にすることができず、一五世紀になって急増する。つまり、官途名型字の増加は、衛門、兵衛、左近・右近の登場に負うところが大きい。これらは、室町・戦国時代的な官途名型字の典型例とみなせる。

第四に、法名は中世の全時代を通じて存在するが、一六世紀になると急激に数が減る。先にも述べたように、それは隠居制度の一般化による老人の地位の低下の問題とも、かかわりがある事実かもしれない。また、同じ法名が何世代にもわたって継続して使用されることはほとんどない。法名の世襲は、それほど一般的ではなかったのである。

第五に、全体の人名数が少ない一三世紀後半を除くと、その他の字のパーセンテージは時代とともに増える傾向にあった。その他の字の中では、頭に孫・新・与がつく人名（孫太郎、新次郎、与五郎など）や、「数字＋郎」型の人名（三郎、五郎など）、「数字＋郎＋数字十郎」型の人名（三郎五郎、六郎次郎など）がかなり多い。

表6から判明することとしては、以上の五点があげられる。これらの諸事実を踏まえて、室町時代の菅浦における村社会の構造について考えてみたい。

姓型字の残存

菅浦住民の人名の最大の特色は、何といっても姓が主役の座から滑り落ちた室町時代にも、姓型字が根強く残存している点である。表6によれば、姓型字は一五世紀前半には全人名のほぼ半数弱（九六人、四五・五％）に達し、その後パーセンテージ的には減少傾向をたどるものの、総数では一六世紀の前半に延べ三五一人（三六・八％）、一六世紀の後半に延べ一八三人（三三・六％）といった具合に、一五世紀前半よりもかえって増加している。

これはどう理解すればよいだろうか。「中世男性の名前の種類」の節で私は、姓と姓型字が対応関係にあり、たとえば藤原氏や藤井氏は藤のつく姓型字を、清原氏は清のつく姓型字を名のることが多かったと述べた。また、前章においては、姓が氏と呼ばれる集団の名であって、同じ氏に属する人々は同一の姓を名のったことを明らかにした。

そうすると、菅浦においては室町時代になっても相変わらず同姓者によって構成される氏集団が存続していたのか。もしそれが事実だとすれば、室町時代には家の確立に反比例して、氏が衰退したと考えた私の見とおしは誤っており、少なくとも大きな修正を加えなければならないことになる。

だが、菅浦の場合、姓そのものは一四世紀前半に、実名とセットになって、まとめて四〇人分存在する以外には、一五世紀後半に一つ、一六世紀前半に二つ、見うけられるだけであり、姓型字ではなくて姓に焦点を当てると、室町時代はやはり、みずからの特権的地位を誇示するようなケースを除き、姓があまり用いられなくなる時代、言い換えれば、氏が社会的な生命を失った時代とみなすことができる。

それにつけても、姓型字がかなりたくさん残存していることには違いない。その理由を私なりに考えると、本来的には氏のシンボルとしての役割をはたしていた姓と対応関係を持つ姓型字が、室町時代にはそのまま家の名前、すなわち家名となり、先祖代々伝えられ始めた結果、姓の衰退とは無関係に、数多くの姓型字が残ることになったのではないかと思う。

鎌倉時代以前の姓型字は、氏のメンバーシップを示す人名だったのに対し、室町時代におけるそれは、他の字や苗字と同様に、単なる個人名ではなく、ましてや氏の名でもなく、個々の家に固有の家名として、世代を超えて用い続けられたのである。

室町時代的な官途名型字の登場

次に、官途名型字の方に目を向けてみよう。先にも触れたように、一四世紀の前半に、兵衛三郎と左近がそれぞれひとりずつ登場するケースを除くと、左近型（左近五郎など）、衛門型（衛門太郎など）、兵衛型（兵衛二郎など）の官途名型字は、ほとんどすべて一五世紀、それも後半以降になって、史料上にあらわれてくる。

これに対し、丹後介《たんごのすけ》・筑前《ちくぜん》介・越前《えちぜん》介といった国名《くにな》型の字や、庄司《しょうじ》・権介《ごんすけ》・右馬《うま》・弥《いや》別当《べっとう》・新検校《けんぎょう》といった字は、一三世紀後半から一四世紀にかけて、官途名型字の中で圧倒的なパーセンテージを占め、一五世紀以降になると、その比率を減少させる。

他の地域を例にとって官途名型字の問題を検討した薗部寿樹氏は、鎌倉時代の半ばごろより見られるこの字の代表例として、大夫・衛門・権守《ごんのかみ》・右馬・介・権介などをあげている。そして、宮座の場における「官途成り」が、村社会内部の身分秩序形成の原動力となった事実を解明した（薗部前掲著書）。

また、金子哲氏によれば、備中国新見荘《びっちゅうのくににいみのしょう》の場合、一三世紀後半段階には判官《ほうがん》・正検《しょうけん》定《じょう》・庄司・別当・検校をはじめとする鎌倉時代的な官途名が圧倒的に多く見られたのに対し、一四世紀の半ば頃を境に、村人の人名が劇的に変化して、衛門・大夫・兵衛といった室町時代的な官途名が一般化するとのことである（「村の誕生と在地官途」）。

金子氏はさらに、官途名型字が大きく変わった一四世紀半ばという時期は、現在の大字《おおあざ》につながる範囲で、宮座をはじめとした宗教施設を持つ集落が出現する時期でもあると述べているが、人名の変化と今日まで続く村の形成とを、コインの表裏のできごととしてとらえる金子氏の見解に、まったくもって異論はない。

薗部説・金子説との違い

ただ、細かい点にまで目配りをすると、薗部氏の説にも金子氏の説にも、再考の余地が残されているように思う。まずは薗部説だが、いくつかの官途名が比較的早い段階において史料上にあらわれることに着目してはいるものの、ある時点で官途名型字自体が大きな変化を遂げ、新しいそれが登場するという事実には触れていない。

もう一点、薗部氏は具体例を示すことなく、衛門をもって一三世紀後半から見られる官途名の中に含めているが、少なくとも菅浦について言えば、衛門は一五世紀以降に出現する代表的な官途名であり、それ以前にはまったく見ることができない。もちろん、研究フィールドの違いによるところも大きいかもしれないが、近世江戸時代に衛門がごく一般的な庶民の名（家名）となることからすると、のちの時代につながる、比較的遅い時期にあらわれた官途名として衛門をとらえた方が、説明がつきやすいのではなかろうか。金子氏が私と同様に、衛門を室町時代的な新しい官途名の一つとみなしていることは、先に触れたとおりである。

次に大夫の理解について。大夫は宮座で「大夫成り」という儀式を行なった者に与えられる称号で、村の官途の標準レベルにあたる五位の位階の別称（五位職《ごいしき》）とみなすことができる（薗部前掲著書）。これは姓型字にも、その他の字にもつく敬称であるため（平三大夫・新次郎大夫など）、私は官途名型字には分類しなかったが、それに対し薗部氏と金子氏はともに、大夫を官途名と考えている。大夫を官途名型字とみなすか否かは、分類方法の違いで、どちらがよいとか悪いとか一概に言えないが、いずれにしろ、大夫名は官途名とまったく同様に、宮座においてしかるべき儀式を行い、老衆《おとな》となった者が名のりえた名前であった。

なお、薗部氏は大夫が一般化する時期を一三世紀後半に、金子氏は一四世紀も半ばすぎに求めており、両者の結論には一〇〇年近い開きがある。これも地域差があって一概にいつ頃からとは決めつけられないかもしれないが、私がフィールドとしている葛川や菅浦の実例に目を向けた時、遅くも一四世紀の前半には大夫の称号を名前の後ろにつけた人物がかなりいたことは確かで、同じく室町時代に一般的な名前でありながら、衛門や兵衛、左近などよりも早い時期から用いられ始めたのではないかと思われる。

官途名型字の転換期

さらに、金子氏は鎌倉時代的な官途名から室町時代的な官途名へという、庶民の人名の劇的な転換期を、一四世紀中頃の南北朝内乱期に見ているが、菅浦の場合、大夫名は一四世紀前半に、衛門や兵衛といった新しい官途名は一五世紀以降に一般化しており、右の転換期はもう少し幅を持たせて理解する必要がありそうである。

私は、南北朝内乱期から戦国期に至る室町時代の二五〇年間を通じて、社会の体質が大きく転換し、民俗学が研究の対象としている「日本的」な伝統社会、言い換えれば、庶民の生活文化や習俗、さまざまな儀礼や年中行事、伝承などのバックグラウンドとなった民俗社会が徐々に成立したと考えている。高度経済成長期〜二〇世紀末まで続いたこの伝統社会を基礎づける家や村もまた、南北朝内乱期にいっきに成立したわけではなく、かなり長い年月をかけて形成された。だとすれば、その形成過程の一齣《こま》としての村人の人名の転換期が、地域によってある程度異なったとしても、何ら問題はないのではなかろうか。

では、なぜ官途名型字は大転換を遂げたのだろうか。この点について、金子氏はあまり明確な理由を述べていないが、論旨から推し量ると、現在の大字につながる新しい村に作られた宮座において、「官途成り」が行われるようになったということを重視しているようである。

確かにそのとおりだろう。しかし、もう少し深く考えると、それまで用いられていた鎌倉時代以来の官途名ではどうしていけないのか疑問が残る。おそらく、鎌倉時代的な官途名は、荘園や郷《ごう》・保《ほう》といった行政区画を基盤とした、広域的な「村」（中世前期村落）における鎮守の宮座で「官途成り」をした、名主《みょうしゅ》クラスの一部上層住民が名のった名前であって、この「村」の内部に新しく形成された、より小さい集落（中世後期村落）の鎮守の宮座には、新たに座衆化して安定的な家を構えつつあった、多くの中層住民にまでも開放された、独自の「官途成り」や「大夫成り」のシステムと、それにもとづいて付与される新しい官途名や大夫名が必要だったのではないかと思う。菅浦の「村」全体を統括する「惣荘《そうしょう》」組織の内部に東村と西村の二村が成立したちょうどその頃に、室町時代的な官途名が一般化したことは、こうした見とおしを裏付ける事実だと言えよう。

いずれにしろ、室町時代を通じて形成された新しい村は、家産や家名を先祖代々伝える、永続性を持った家を基礎単位とした組織であり、後述するように、苗字と同じくこの家の家名の役割をはたしたものが、室町時代的な官途名や大夫名だった。したがって、誤解を恐れずに単純化すると、何代も続く家のシンボルとしての意味合いを持っている官途名型字や、後ろに大夫の称号をつけた姓型字・その他の字を、代替わりした新家長が名のることを公認する儀式が、新しい村の宮座における「官途成り」「大夫成り」だと言うことができる。

なるほど、当時の宮座には座衆ではあっても、「官途成り」や「大夫成り」によって老衆になることができない家も存在したが、これらの家は「烏帽子《えぼし》成り」によって得た成人名を、家名としたのではなかろうか。

わずかしかない童名型字

菅浦住民の人名の特色の一つとして、童名型字がきわめてわずかしか存在しないということがあげられる。一四世紀前半に猿松の名前が見えるほかは、年号が不明の文書に菊松、松石、鶴松、亀松の名が載っているにすぎない。

しかも、このうちの菊松と鶴松が登場する「烏帽子着主出物日記」という史料は、宮座の場において執り行われた「烏帽子成り」と呼ばれる成人儀礼のための費用を負担した者、またはその子どもで「烏帽子成り」を行う者の名のいずれかが記されている史料であり、彼ら両名は未成年者ゆえに童名を名のっていた可能性がきわめて高い。したがって、「烏帽子成り」を終えれば、晴れて大人の人名を用いることになる。

こうしてみると、菅浦では大人になっても童名のままの住民（男性）は、ほとんどいないことになる。確かに、次章で詳しく説明するが、室町時代の成人女性の大半は童名しか持っておらず、表6で私が女性名に分類した人名の中にも、もしかすると男性名がいくらか紛れ込んでいるかもしれない。だが、たとえそれをカウントしたとしても、童名型字の男性がごく少数であることにはかわりがない。

菅浦と葛川の相違点

この状況は山村葛川とは大きく異なる。葛川においては姓型字や官途名型字、法名などを名のる人々のほかに、童名型字を用いている人々がかなりいた。山門延暦寺の宗教的な霊場として、山野を切り拓いて田畠を開発することや、林業・炭焼きといった経済活動を行なったりすることが厳しく規制されたため、結果的に豊富な山林資源に恵まれた葛川の場合、周辺の山野を生活の場としていた山の民が、度重なる規制にもかかわらず定住して山野開発の労働力となり、浪人と呼ばれる不安定な階層を形成した。

もちろん、浪人と言ってもすべてが下層民だったわけではなく、比較的早い段階に定住した浪人の子孫の中には、宮座の中心メンバーとなって活躍するものも存在した。おそらく、鎌倉時代も後半に葛川に定着した新参の浪人（新在家《しんざいけ》）は、宮座の座衆となることができず、「烏帽子成り」や「官途成り」「大夫成り」「入道成り」などを行なってステージアップする道を閉ざされていたため、成人しても童名を使い続けざるをえなかったのではなかろうか。

これに対し、菅浦は同じ近江国でも琵琶湖畔の村であって、開発可能な耕地は、大浦荘から奪取した日指・諸河を含めてもごくわずかしかなかった上に、主要な生業である、湖を舞台とした漁業や廻船業《かいせんぎょう》は、労働力の集中投下を必要としなかった。その結果、村外からの流入人口はほとんどないため、浪人身分など存在しようがなかったのである。菅浦では童名型字が目につかない理由を、私はこうした点に求めたい。

もっとも、表6で「その他の字」に分類した字の中には、童名ではないが宮座で公認された名前とは到底思えないもの、たとえば、あこせ、とうやも、ちゃち、ならし、いたいけ、しゃてます、きす、くり、といった人名が含まれている（表7）。これらは、どうみても上層住民の人名とは言えない。おそらく、浪人身分ではないにしろ、宮座のメンバーになることができない人々も、それなりにいたのではないかと思われる。

表7　その他の字の実例

類型	人名
孫	孫太郎(35)、孫四郎(34)、孫(15)、孫三郎(4)、孫二郎(7)、孫兵衛(5)、孫七(5)、孫助(4)、孫六(8)、孫太三郎(1)、孫五郎(1)
助	助四郎(17)、助三郎(19)、助太郎(3)、助大夫(5)、助次郎(10)、助左衛門(2)
彦	彦五郎(25)、彦二郎(10)、彦八郎(1)、彦左衛門(1)、彦三郎(9)、彦四郎(3)、彦九郎(1)、彦兵衛(1)、彦大夫(10)、彦(右)衛門(4)、彦太郎(3)、彦六郎(1)
新	新次郎(41)、新五郎(37)、新九郎(20)、新三郎(48)、新細工(2)、新四郎(1)、新大夫(1)、新六(9)、新七(1)、新(別当)(2)、新五(1)
又	又五郎(15)、又四郎(5)、又太郎(1)、又三郎(1)、又二郎(9)
弥	弥二郎(19)、弥三郎(39)、弥六(29)、弥六郎(2)、弥太郎(5)、弥九郎(1)
与	与一(17)、与五郎(43)、与四郎(25)、与次郎(20)、与三郎(15)、与六郎(1)、与三(2)、与一藤細工(1)
○郎×郎	六郎次郎(37)、六郎三郎(17)、三郎次郎(17)、二郎太郎(3)、四郎太郎(1)、四郎次郎(2)、六郎太郎(6)、二郎三郎(4)、四郎五郎(1)、三郎五郎(13)、五郎三郎(1)、六郎五郎(2)、三郎四郎(2)、太郎九郎(3)、五郎次郎(5)、次郎九郎(1)、四郎三郎(13)、五郎四郎(3)、三郎太郎(1)、太郎四郎(1)
○郎	六郎(43)、五郎(26)、二郎(25)、三郎(10)、四郎(9)、七郎(14)、太郎(7)
○×郎	八二郎(1)、四五郎(3)、五四郎(2)、七二郎(1)、六二郎(1)
童名	猿松(1)、菊松(2)、松石(1)、鶴松(1)、亀松(1)
その他	安大夫(2)、豊二郎(1)、あ太郎(1)、たこ郎(1)、綱(1)、こうし二郎(1)、ようさう(1)、しょう太郎(1)、五ノ助(4)、長四郎(1)、き太郎(1)、ちりす(1)、萬屋(15)、とりす(1)、惣(宗)大夫(2)、次郎助(6)、きょう太郎(1)、せんいち(1)、あこせ(1)、はいさき(1)、みやいち(3)、とうやも(1)、せん太郎(1)、小松(2)、おは(1)、茶介(2)、きら介(1)、南大夫(1)、千代石(1)、かな別当(1)、明七郎(1)、俊五郎(1)、田井介(10)、いちけ(1)、となり(5)、法四郎(1)、小二郎(11)、前一(1)、竹大夫(1)、や(1)、島(1)、小三郎(13)、左五郎(2)、ろんにん(1)、ついたち(2)、ちゃち(1)、むは(1)、つきて(1)、いのこ(2)、くり(2)、しゅて(1)、今助大夫(1)、小法師(1)、三法師(1)、金四郎(1)、小五郎(1)、三こ二郎(1)、せつ七(1)、こ七(1)、四三む郎(1)、せ六(1)、四郎六(1)、予内介(1)、小太郎(1)、嫁太郎(1)、きたふゆ(1)、けんく(1)、こうや(紺屋)(1)、番匠(1)、平方屋(1)、浅弥四郎(1)、ならし(1)、さと(1)、さい方(1)、うしはう(1)、工入道(1)、さか(1)、いたいけ(1)、ゑいにん(1)、へや(1)、正ふ(1)、内との(1)、きす(1)、勝三郎(1)、さほ二郎(1)、しゃてます(1)

注　人名のうしろの数字は、その人名の延べ登場回数を示す。

座とは本来、特定の者のみからなる特権的な集団だったことからすると、宮座もまた、座という組織形態をとっている以上、どんなにメンバーが増加したとしても、少なくとも中世の段階では村社会の構成員全員が宮座の座衆となれたわけではなかった。

菅浦の村の構造に関する田中説

ところで、鎌倉時代後期〜南北朝内乱時代頃、近畿地方とその周辺部を中心に形成された自治的な村は、一般に惣あるいは惣村と呼ばれている。高校教科書にも登場する惣村は、宮座の寄合を主導する乙名《おとな》(老)・沙汰人らによって運営され、村民が守るべき規約である惣掟を定めたり、みずから警察権力を行使したり(地下検断《じげけんだん》)、山野の共同利用地を確保したり、領主に納める年貢を惣村がまとめて請け負ったり(村請《むらうけ》・地下請《じげうけ》)した。

惣村に関しては、戦前以来枚挙に暇がないほどの研究の蓄積があるが、堅実な実証とユニークな発想とをもって、菅浦をはじめとする惣村の研究に次々と新風を吹き込みながら、一〇年近く前に惜しくも若くして亡くなった研究者として、田中克行氏の名があげられる。田中氏によれば、一三世紀菅浦の住民構成は、①朝廷に鮮魚や枇杷《びわ》などの食料品を献上する見返りに、さまざまな特権を与えられていた本供御人《くごにん》と、②未公認の新加供御人との二身分からなっており、前者は古老《ころう》と呼ばれる特権的階層を形成して、村政の運営にあたったとのことである（『中世の惣村と文書』）。

惣村は平等組織か不平等組織か

田中氏はさらに、一四世紀になると菅浦に居住する全住民の本供御人化が実現し、それと軌を一にして、史料上に「惣」の語が登場すること、この段階はまだ過渡期的な部分も残されていたが、一五世紀には惣村の指導層である老衆が制度化されること、老衆は古老のように特定の社会階層に属する人々のみからなる集団ではなくて、あくまでも宮座のメンバーの中の年長者が輪番《りんばん》で就いた役職・地位だったことを明らかにした。

つまり、田中氏は村民の中に厳然と存在する社会階層の差を前提とした鎌倉時代的な「村」から、平等原則にもとづいて運営される室町時代的な村、すなわち惣村へという変化を想定しているのである。室町時代における菅浦の惣村に関しては、鎌倉時代の「村」と同様に、内部に階層差や身分差を含み込んだ組織と考える研究と、田中氏のように差別のないフラットな組織とみなす研究とがあって、両説は対立しているが、この田中氏の見解が登場したことにより、平等組織説の方が俄然優勢になったかに見える。

確かに、惣村の運営組織でもあった宮座の場においてはそれなりに平等原理が働き、老衆や若衆といった年齢別の集団の役割分担によって、村政が運営されていたかもしれない。

だが、先にも触れたように、菅浦には浪人こそいないものの、およそ宮座の座衆とは思えないような名前を名のっている成人男子が、田中氏の予想に反してかなりの数いたことはまず間違いなく、座衆と非座衆の間には明確な身分差が存在した。おそらく、それは事実上階層差でもあったことだろう。

また、「官途成り」や「入道成り」などの儀式を行うには、かなりの費用が必要なことからすると、宮座の座衆の内部でも、これらの儀式を行うことによって老衆になれる者は、それ相応の経済力がある者に限られており、その地位は必ずしも特定の家のみに独占され続けていたわけではないにせよ、そうは言ってもおのずと世襲される傾向にあったのではないかと思われる。

室町時代の菅浦の村は、現実には宮座の座衆と非座衆との間に横たわる身分的・階層的な差別＝目に見える差別と、座衆の内部に存在する、老衆とヒラの座衆（若衆でないにもかかわらず、老衆になれない座衆）との間の階層的な差別＝目に見えない差別という、二重の差別構造を抱えながらも、その一方で村人全体、あるいは宮座の座衆全体が、少なくとも理念的には平等原理にもとづいて結びついている、そんな組織であった。したがって、このうちのいずれか一方の側面のみに目を向けて、当時の菅浦は階層差別が顕著な村だったと断定したり、逆に比較的平等な村だったと断定したりすることは、きわめて一面的な理解だとみなさざるをえないのではなかろうか。

個人の名から家の名へ

表8（九四・九五ページ）に目を向けてみよう。この表は菅浦住民の人名の中から、頻出する字（史料上に延べ一五回以上登場するもの）をピックアップし、まとめたものである。これを見ると、多くの字が何百年にもわたって使われていることが判明する。特に、★をつけた字（総計七五の字中四七）は江戸時代も末の一八六四年（文久四）までは確実に用い続けられ、※をつけた字（二〇）は、何と一九七〇（昭和四五）年代まで継続して使用されている。

ようするに、これらの字は家を代表する家長の名であるだけでなく、しだいに家そのものの名、すなわち家名（この場合は家名といっても苗字ではなくて屋号）の役割をはたすようになってくる。

ここで表8に見える各人名がはじめて出現した時期を、九六ページに表9としてまとめてみた。表9を見ると、七五に及ぶ字の登場時期は、一三世紀後半が九、一四世紀が二六、一五世紀が二七、一六世紀が一三であり、一見したところ、すでに一三世紀後半には字の家名化が進行したかのようにも見える。

人名＼年代	1251~1300	1301~1350	1351~1400	1401~1450	1451~1500	1501~1550	1551~1600	欠年	合計
※★兵衛四郎					4	10	7	3	24
兵衛三郎		1			5	10	7	4	27
★兵衛五郎					2	9		6	17
★左近		1		3	7	18	6	15	50
★左近五郎					1	11	5	10	27
※★左近二郎					3	14	7	12	36
刑部			1	1		6	6	6	20
※★四位					3	14	2	7	26
宮内三郎						9	2	8	19
宮内						4	5	8	17
★孫太郎	1	3			3	15	5	8	35
※★孫四郎	1			3	1	8	9	12	34
★孫						7	3	5	15
助四郎	1	1			1	2	7	5	17
★助三郎		1		2	1	7	4	4	19
彦五郎				1	3	10	3	8	25
※★新次郎			1	2	3	15	7	13	41
※★新五郎				1	7	14	4	11	37
※★新九郎					3	7	6	4	20
★新三郎	1			1	3	16	11	16	48
★又五郎				2		5	4	4	15
弥二郎			2	5	6	1		5	19
※★弥三郎		1	1		4	15	6	12	39
※★弥六					2	10	7	10	29
★与一					3	7		7	17
※★与五郎					3	12	17	11	43
★与四郎						14	5	6	25
与次郎						14	1	5	20
与三郎						3	8	4	15
★六郎次郎				2	3	14	7	11	37
★六郎三郎						2	9	6	17
★三郎次郎						6	4	7	17
六郎		3	2	3	4	14	5	12	43
★五郎						7	8	11	26
二郎					2	8	12	3	25
★萬屋						6	4	5	15

注1　菅浦住民の全人名のうち、延べ15回以上登場する人名のみをリストアップした。
2　※印は現代まで継承されている人名(屋号)。
3　★印は幕末(1864年〔文久4〕)まで継承された人名(屋号)。

表８　頻出する人名

人名＼年代	1251~1300	1301~1350	1351~1400	1401~1450	1451~1500	1501~1550	1551~1600	欠年	合計
※★藤次郎	1	3	1	4	3		5	10	27
藤細工		3	1	2	2	6		4	18
藤七		2	1	3	2	4		4	16
★藤介		1	1	3	3	11	10	7	36
※★藤四郎		1			2	10	13	7	33
藤三郎				2	1	10	7	6	26
★左藤五					2	12		2	16
★源三郎	1	1		3	1	14	9	8	37
弥源太		2			3	10	4	4	23
★源三				1	3	11	8		23
※★源内					3	6	4	6	19
★源三(右)衛門(尉)						7	2	10	19
源大夫						8	5	3	16
※★平三郎	1	1	1	4	2	16	5	5	35
平四郎		2	1	5	2	12	6	10	38
★平七		1				10		8	19
★平六			1	3	3		7	5	19
★平次郎			1	5	3	13	8	9	39
※★平介					4	12	1	5	22
★平細工					3	11		3	17
平大夫					3	10	6	2	21
※★清太郎	1				3	4	3	4	15
清六		1		2	1	9	5	7	25
清源太		2		1	3	7	2	3	18
※★清内		2	1	1	1	2	5	3	15
※★清三郎		2	1	1	3	13	14	19	53
清次郎		1		2	3	10	2	12	30
清検校			1	1	1	17		5	25
★清別当			1	1		2	6	8	18
★清九郎				2	5	5	7	9	28
※★清五					1	11	3	3	18
清大夫					3	5	4	5	17
★中五郎		2	1		1	4	2	6	16
江介	1	1	1	1	3	2	3	13	25
江四郎		1		2	1	8	2	2	16
※★丹後介				1	3	11	4	5	24
衛門太郎					2	10	2	5	19
六郎衛門尉						2	6	7	15
兵衛二郎					3	5	6	5	19

表9　頻出する人名の初見年代

年　代	人名数
1251～1300年	9(4)
1301～1350年	19(4)
1351～1400年	7(1)
1401～1450年	8(3)
1451～1500年	19(8)
1501～1550年	13(0)
1551～1600年	0(0)

注1　人名数は表8に同じ。
2　（　）内は今日まで継承されている人名数。

だが、一三世紀後半に登場した人名の中には、次にその名前が出てくる時と一〇〇年以上も離れているものが三つある（表8参照）。この三つについてはいくらなんでも一〇〇年隔てた両人名を連続してとらえることはできそうもない。両者は同一人名ながら「赤の他人」である可能性がかなり高いと言えよう。

こうしてみると、何世代にもわたって用いられ続ける人名は、一四世紀以降、言い換えれば中世後期になって急増したと考えて、まず間違いないのではなかろうか。おそらく、本供御人に代表される鎌倉時代以来の古老住民は一四世紀に、彼ら以外の一般住民は一五世紀から一六世紀にかけて、同一の人名を父親と長男の間で継承し始め、さほど時をおかずに、その人名が家名化したのではないかと思う。家名が家永続のシンボルだとすると、これは父から長男へと父系直系のラインで先祖代々伝えられる、永続性を持った家がちょうどその頃に成立しつつあったことを示唆していると考えられる。

ただ、以上の説明のみから、人名が継承されていつしかそれが家名になったと結論づけるのは、いささか強引すぎるかもしれない。そこで、次ページの表10をもとに、室町時代における人名継承の実態を、より詳しく考察してみることにする。

人名継承の実態

表10は、表8に登場する各人名がどれくらいの期間継続して使用されているかを明らかにするため、五〇年を一期とし、一三世紀後半から一六世紀後半まで三五〇年間を七期に区分した上で、それぞれの人名が七期中何期登場するかカウントしたものである。

この表によると、二期しか登場しない名前はトータルの登場回数も比較的少なく（大部分が二〇回以下）、また、屋号として今日まで継承されている名が一つもないことがわかる（明治時代の戸籍制度によって父子同名は禁止になったが、個人名とは別の家名としてこれらの屋号はそれ以降も継承された）。その事実はどう理解すればよいだろうか。

ここに見える人名の多くは、同一人物の名がたまたま二期にわたって残ったにすぎないと考えるか（たとえば、ある人物が一四世紀後半から一五世紀前半にかけて生存し、どちらの半世紀にも人名を残したといったケース）、あるいは、せいぜいのところ二世代程度その名が伝えられたにすぎないと考えるか、一般的にはいずれかの解釈に落ち着くところだろう。

表10　頻出する人名の登場期間

期	間	人名
7期	連続	江介(25)、※★平三郎(35)
6期	連続	★藤介(36)、平四郎(38)、※★清内(15)、※★清三郎(53)、六郎(43)
	中断あり	※★藤次郎(27)、★源三郎(37)
5期	連続	藤細工(18)、藤七(16)、★平次郎(39)、※★新次郎(41)
	中断あり	★左近(50)、★孫太郎(35)、※★孫四郎(34)、助四郎(17)、★助三郎(19)、★新三郎(48)、※★弥三郎(39)、清六(25)、清源太(18)、清次郎(30)、★中五郎(16)、江四郎(16)
4期	連続	藤三郎(26)、★源三(23)、清検校(25)、★清九郎(28)、※★丹後介(24)、彦五郎(25)、※★新五郎(37)、弥二郎(19)、★六郎次郎(37)
	中断あり	※★藤四郎(33)、弥源太(23)、★平六(19)、★清別当(18)、※★清太郎(15)、兵衛三郎(27)、刑部(20)
3期	連続	※★源内(19)、※★平介(22)、平大夫(21)、※★清五(18)、清大夫(17)、衛門太郎(19)、兵衛二郎(19)、※★兵衛四郎(24)、★左近五郎(27)、※★左近二郎(36)、※★四位(26)、※★新九郎(20)、※★弥六(29)、※★与五郎(43)、二郎(25)
	中断あり	★又五郎(15)
2期	連続	★左藤五(16)、★源三(右)衛門(尉)(19)、源大夫(16)、★平細工(17)、六郎衛門尉(15)、★兵衛五郎(17)、宮内三郎(19)、宮内(17)、★孫(15)、★与一(17)、★与四郎(25)、与次郎(20)、与三郎(15)、★六郎三郎(17)、★三郎次郎(17)、★五郎(26)、★萬屋(15)
	中断あり	★平七(19)

注1　人名数は表8に同じ。
　2　1期は50年。
　3　※印は現代まで継承されている人名(屋号)。
　4　★印は幕末(1864年〔文久4〕)まで継承された人名(屋号)。

だが、二期の欄に分類した一八の名前のうち、実に三分の二に及ぶ一二の名（六六・七%）は江戸時代の末まで確実に用いられ続けており、そうだとすれば、右の理解は事実に合わないことになる。一二の名がはじめて史料上に見える年代に目を向けると、一例を除いて一五世紀後半以降のものばかりであって（一五世紀後半が四、一六世紀前半が七）、これらの名を名のる人々は、比較的新興の勢力だった可能性が高い。

ようするに、表8の範囲内（一六世紀末まで）においてはもともと二期、一五世紀後半にその人名が登場した四つのケースであっても最大三期しかカウントのしようがないのである。おそらく、この時点から人名が継承され始め、それが幕末まで代々伝えられたのではなかろうか。

これに対し、五期以上にわたって登場する名前は全体の三分の一、総計二五にのぼるが、うち一七（六六・七%）はトータルの登場回数が二〇回以上にのぼり、一五（六〇%）は幕末まで、七（二八%）は現代まで伝えられていることが判明する。

五期二五〇年と言えば、その人名がはじめて登場したのはおそくも一四世紀後半ということになる。つまり、それらの人名を代々名のり続けている家々こそ、本供御人の地位に就いて、古老とも呼ばれた有力住民の系譜をひく家々だったのではないかと思う。こう理解すると、古老住民は一四世紀、それ以外の住民は一五～一六世紀頃に、同一の名を父親と長男の間で相続するようになったという前項の見とおしは、かなり説得力を増すことになろう。

ただし、ここで忘れてならないことは、家名の継承と言っても、各家で勝手にできたわけではないという事実である。つまり、家名にあたる名前の襲名は、宮座の場においてなされるのであって、一つの名を家名として先祖代々継承するのは、あくまでも宮座に所属する家々、階層的には中堅クラスより上の住民の場合だった。

当然、先にも論じた非座衆の場合、表7からもはっきりと読み取ることができるように、人名の継承などまるで考えられなかった。「鶏が先か、卵が先か」の類の話になるが、まずはそれなりに安定した経営体が成立して、はじめて家名の相続は問題となったのである。

家名成立の意義

本節においては、室町時代を通じて、菅浦住民の人名がしだいに継承されるようになり、いつしかそれが家名となっていったことを明らかにしてきた。ここでは、家名が成立したことの意義について、簡単にまとめておこう。

そもそも家名は個人の名前ではなく、家という組織そのものの名前だとみなすことができる。したがってそれは、形式的には宮座での「烏帽子成り」や「官途成り」「大夫成り」という形をとりながらも、実際のところは各家ごとに名のりうる成人名や官途名、大夫名は固定しており、これまた個人の財産ではなくて家の財産である家産とともに、現段階で家長の地位に就いている父から、新しく家長となる嫡男（一般的には長男）へと、父系直系のラインで先祖代々伝えられた。

ようするに、家名と家産は世代を超えて継承される家のシンボルなのであり、だとすれば、逆に家名の一般化はこうした家が登場したことを示す一つの重要な指標となりうる。このように考えると、菅浦の古老住民の場合一四世紀後半、新興の宮座成員の場合一五世紀以降、もう少し限定すれば一五世紀後半から一六世紀前半にかけて父子間で人名が相続され始め、やや時をおいてその人名が家名化することによって、父から嫡男へと代々継承される家が登場した、というふうに結論づけることが可能となる。

なお、繰り返しになるが、永続性を持った家が確立するためには、家名だけではなく、家業経営の物質的基礎となる家産が形成され、それもまた先祖代々伝えられなければならない。名前研究の本題からはやや横道にそれることになるが、この問題は財産相続の形態の変化と関わってくる。

つまり、娘をも含めた子ども達全員が父母双方から土地をはじめとする財産を分け与えられた鎌倉時代以前の分割相続の形態がしだいにくずれ、室町時代になると、土地財産の大部分を嫡男ひとりが相続する形態が徐々に一般化してくる。そして、いつしかそれが家産として代々守り伝えられるようになったのである。

紀伊国粉河荘東村住民の人名

粉河荘東村

紀伊国《きいのくに》の名刹《めいさつ》粉河寺《こかわでら》。同寺は紀《き》ノ川《かわ》の中流域、和歌山県那賀《なか》郡粉河町に所在する寺院であり、本尊として千手《せんじゅ》観音像を祀《まつ》る。平安時代中頃、時の摂《せっ》政《しょう》・関白《かんぱく》藤原頼通をはじめとする権門《けんもん》貴族の参詣が相次いだことが、粉河寺の名を世に知らしめるきっかけとなり、鎌倉時代には西国《さいごく》三十三所の観音霊場のうちの第三番札所となって、大いに繁栄した。有名な国宝『粉河寺縁起《えんぎ》絵巻』は、粉河の千手観音の化身である行者《ぎょうじゃ》が、河内国《かわちのくに》の長者の娘の奇病を治すという霊験譚《れいげんたん》を絵巻物にしたもので、それはちょうど粉河寺が観音霊場化する時分に作成された。

さて、この寺の「お膝元」に、粉河荘《こかわのしょう》という荘園が存在する。従来、同荘の領主は粉河寺だと言われていたが、最近の研究によって、寺門園城寺（三井寺《みい》）の門跡《もんぜき》寺院である京都洛東《らくとう》の聖護院《しょうごいん》（京都銘菓八橋煎餅の製造元としても著名なお寺）を本家として、粉河寺の上にいただく荘園であったことが判明した（高木徳郎「粉河荘東村」）。

平安・鎌倉時代において、地方寺院が国衙《こくが》（地方政庁）の役人や武士、他荘の領主らと対抗しつつ荘園を守っていくのは、並大抵のことでなかった。そこで、一般的には中央の権門貴族や大寺院などと結びつき、その庇護《ひご》のもとでみずからは領家あるいは預所《あずかりどころ》という地位に就いて現地支配にあたることとなったが、粉河寺の場合、葛城修験道《しゅげんどう》の行所であった関係から、修験者たちの元締め的立場に立つ聖護院の末寺となり、同院を粉河荘の本家とすることによって、荘園支配の実をあげようとしたのである。

では、粉河荘と東村（現在の東野・井田・池田垣内の三地区）との関係はどうとらえればよいだろうか。室町時代の粉河荘内には全部で五つの村があり、そのうちの一つが東村だということになる（他は西村・丹生屋《にゅうや》村・猪垣《いかり》村・荒見《あらみ》村の四村）。それは、菅浦が東西二村に分かれていたことや、山国荘《やまぐにのしょう》が本郷だけで八村から成っていたことと、同様の事実だと言える。

だが、東村の村人にとって自分達が粉河荘の住民であるという意識はほとんどなかったようで、彼らの帰属意識は、あくまでも東村にあった。この点に関しては、菅浦や山国荘の住民のアイデンティティーのありかたと、明らかに異なっている。高木徳郎氏の指摘にもあるように、右の事態は粉河荘の荘園としてのまとまりの弱さに起因する可能性が高い（高木前掲論文）。

王子神社と「名つけ帳」

粉河寺の東南約二キロ。東村のほぼ中ほどに、静かなたたずまいをみせる神社がある。神社の名は王子神社。かつては若一王子社《にゃくいちおうじしゃ》と呼ばれた。なぜ若一王子社かというと、粉河荘の本家聖護院の門跡が熊野三山の検校《けんぎょう》でもあった関係で、同地に熊野権現《ごんげん》の子神が勧請《かんじょう》されたからではないかと思われる。

王子神社は東村の鎮守《ちんじゅ》であり、少なくとも室町時代以来今日に至るまで、宮座《みやざ》が営まれ続けているが、中世の宮座は単なる宗教祭祀《さいし》組織ではなく、惣村《そうそん》の寄合《よりあい》の場でもあった関係上、同神社には中世東村住民の生活の一端を垣間見させてくれる貴重な古文書が、かなりの量残されることとなった。

ここで注目したいのは、その中でも黒田弘子氏らにより研究が進められている農業用水（溜池）関係の史料ではなくて、「名つけ帳」という帳簿の方である。この帳簿は巻物の形をとっており、開いてみると数十メートルの長さになる。戦前までは「黒箱」と呼ばれる箱に入れられて、神社の宝蔵庫の中に厳重に保管されており、地元の宮座関係者以外は目にすることができない非公開の文書だったが、戦後宇野脩平氏が紹介したことにより（「紀州若一王子社の黒箱」）、学界でも一躍有名になった。

ところで、「名つけ帳」とは何だろうか。東村においては、宮座の座衆の家で男の子が生まれると、翌年の旧暦正月一一日に若一王子社に宮参りした。神社ではその日だけ「黒箱」を開けて中から「名つけ帳」を取り出し、そこに子どもの名前を記すことによって、彼の座入りを承認したのである。

「名つけ帳」は、応仁《おうにん》・文明《ぶんめい》の乱が終結した直後の一四七八年（文明一〇）に書き始められ、最初の部分は試行錯誤があって形式が一定していないものの、一六世紀初頭には形式もほぼ統一された。そして、以後一度も中絶することなく、毎年約二〇チセンずつ新しい紙を継ぎ足しながら、何と今日に至るまで書き続けられている。

かつて「黒箱」の調査を行なった宇野氏は、当然のことながら「名つけ帳」にも目を向け、この帳簿に載せられている人名について、簡単な考察を試みている（「若一王子の名つけ帳」）。また、近年『木の語る中世』というユニークな本を刊行した瀬田勝哉氏は、宇野氏と同様に例の「名つけ帳」を検討し、中世の東村には「楠」の字を含んだ人名を有する

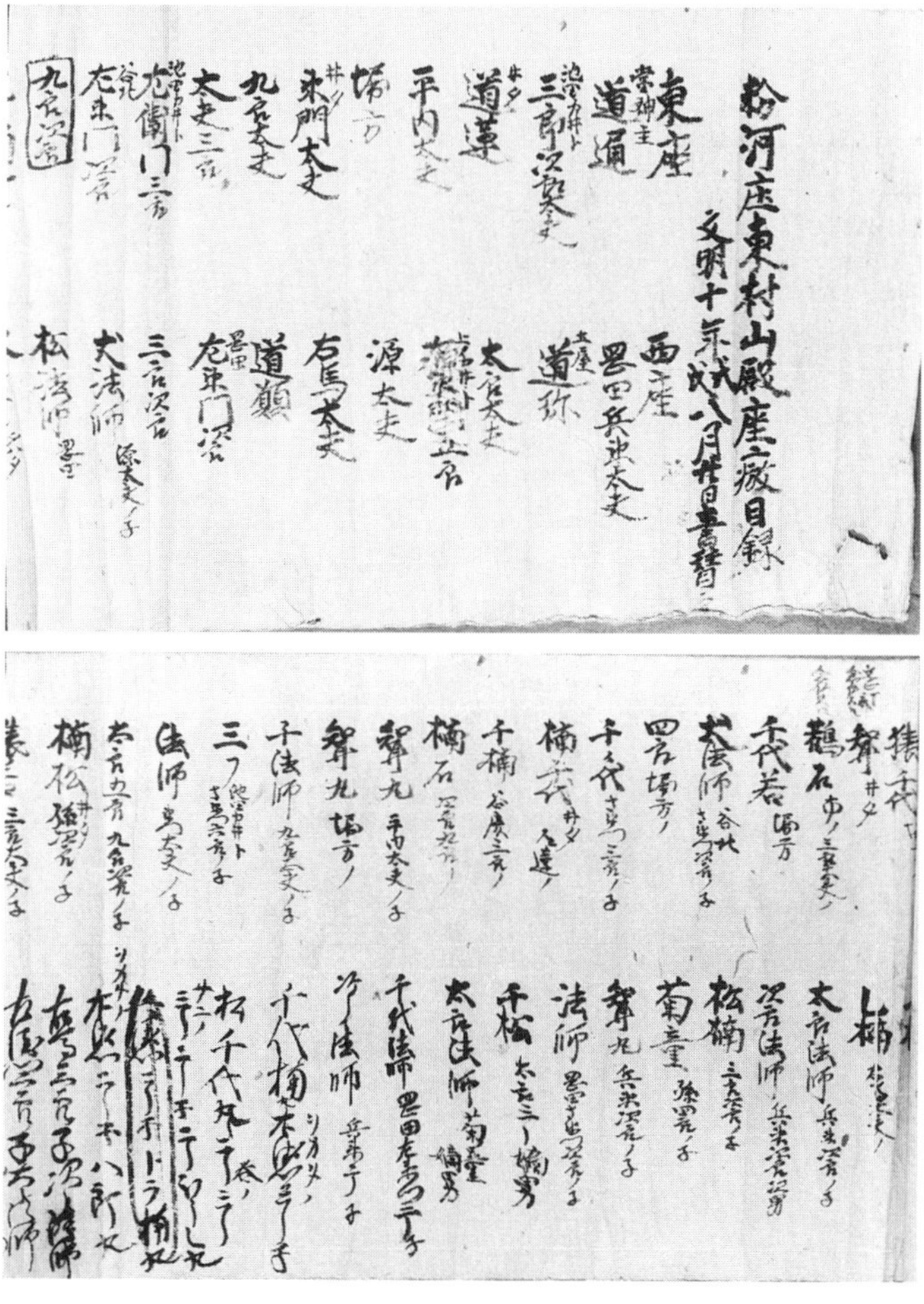

図4　「名つけ帳」（和歌山県・王子神社所蔵）

住民、特に子どもが、かなりの割合で存在した事実を突き止めた（「名づけの中の『楠』と『松』」）。

だが、この類稀な史料を、本書の問題関心にもとづいて活用する余地は、まだまだ残されているように思う。そこで、以下においては宇野・瀬田両氏の研究成果も参考にしながら、「名つけ帳」に見える人名を、私なりの方法で整理していくことにしたい。

宇野説のポイント

まずは「名つけ帳」に記された名前についての宇野氏の見解に、耳を傾けてみよう。

宇野氏によると、王子神社では旧正月の一一日に「帳つけ」という行事が行われており、宮講（宮座）を組織している三十数軒の家において前年生まれた男子が、母親に抱かれ、父親に付き添われて宮参りをし、神主に悪魔よけの鈴を振ってもらい、その名前を「名つけ帳」（「長帳」）に記すとのことである。

さらに、宇野氏はこの「名つけ帳」の特徴として、次の七点をあげられた。

①「名つけ帳」には新生児だけでなく、数は少ないが入り婿や養子、新入座の人々なども、養子縁組の形をとって記載されている。

②　ここに登場する人物は、生まれた時は童名《どうみょう》で、後には新生児の父親として成人名であらわれる。

③　一八世紀中頃の寛延年間（一七四八～五一）以降、父親の名には苗字がつけられるようになったが、それ以前はほとんどつけられていない。

④　中世まで遡れる苗字としては、林・谷・杉原・岡田などがあげられる。

⑤　天正《てんしょう》年間（一五七三～九二）以降、今日に至るまで、子どもの名の下には丸の字がふされている。

⑥　戦国時代の子どもの名には、下に法師・千代・楠・松・若・石・鶴・亀などの字をつけ、上に楠・松・千代・鶴・亀・千などの字を置いたものが多いが、これらは江戸時代になると、しだいに消滅した。

⑦　江戸時代初期の子どもの名としては、下に蔵の字をつけたものがかなり見うけられ、寛文《かんぶん》四年（一六六四）をピークに、蔵の字が減るのと入れ替わりで、吉の字がしだいに増加する。

瀬田説のポイント

一方瀬田氏は、一六世紀以前に時代を限定して、「名つけ帳」に記載されている子どもの名前のすべて（総計三九八例）をリストアップし、それを表化することによって、数量的な童名分析を試みられている。その際氏は、当時の童名を（A）次郎丸・太郎五郎など出生順を示すと思われるもの、（B）楠丸・千代松丸など植物名がつくもの、（C）寅千代丸・猿若など動物名がつくもの、（D）寅松丸・亀楠丸など動物名と植物名を組み合わせたもの、（E）岩丸・石千代丸など石（岩・玉）がつくもの（動植物名との組み合わせも含む）、（F）千代若丸・入道丸などその他のもの―の六種類に分類した。

次に、（B）以外の童名をひととおり概観した上で、（B）を中心とする植物名（総計一四二例、三五・七％）に目を向ける。そして、植物名の中では松（七四例）と楠（六八例、松との重複あり）が双璧で、他に抜きん出ていること、松・楠と組み合わされる語としては、千代・若・鶴・亀に代表されるような、長寿、永続性、若さの持続といった意味合いを含む語が、かなりのパーセンテージを占めたことなどを明らかにされた。

こうして、瀬田氏は松・楠と千代・若などとの相乗効果による長寿、永遠性、若さの持続こそが、東村の「名つけ」で最も期待されていたものだという結論を導き出すが、この結論の「平凡さ」に飽き足らない氏は、もう一歩進んで松と楠の違いに着目する。

すなわち、松が開明的で文明・文化を象徴する木であるのに対し、楠は未開・原始・反文明を強く感じさせる木だとみなした上で、宮座での「名つけ」行為が個人や家族の長寿・繁栄を祈願して行われるだけでなく、村の永続・繁栄を祈るものでもあったという事実より、東村の宮座では松と楠の両方を並び立たせ、文明と未開がそれぞれに持つ異質な力に期待し、村の再生産と発展を図ったのではないかと考えたのである。

最後に氏は近世への展望として、楠や千代、亀などが激減し、かわって蔵が爆発的に増加するという点を指摘する。蔵こそは経済的な富の象徴であり、村人たちは大地と一体化した巨樹としての楠に、長寿の生命力を期待するのをやめて、松どころか、富というまったく新しい文明的な価値を受け入れてしまったこと、言い換えれば、松と楠、文明と未開が拮抗する中世的な「名つけ」のバランスが崩れ、「名つけ」の近世が始まったことなどを述べ、この興味深い童名論の章を閉じている。つまり、ここで瀬田氏は、子どもの名前にこめられた親や共同体の願いのレベルに焦点を合わせ、中世は未開から文明への過渡期の段階に、近世は文明の段階に、それぞれあたるということを強調するのである。

ただ、瀬田氏は「名つけ帳」のテキストとして、『粉河町史』第二巻を用いているが、そこには「名つけ帳」の全文が掲載されてはおらず、近世の初頭までしか見ることができない。そこで、本書ではそれ以降の部分については宇野氏の手によるテキスト（『宇野脩平先生追悼録』所収）を用いることによって、中世から近世にかけての人名の変化を、成人の名と童名とに分けて、私なりの方法で追いかけてみたい。

「名つけ帳」に見える成人男性名

最初に表11から検討しよう。同表は「名つけ帳」に記されている一六世紀前半〜一八世紀前半の全成人男性名を、一覧表化したものである。

この表から私が読み取ったことをまとめると、以下のようになる。

第一に、藤、源、平、清などの漢字が名前の頭につく姓型字《せいがたあざな》の割合は、全成人名のうちの八％弱で、それほど多くはないが、中世はもとより、近世に至っても、ほぼ一貫して存在する。また、この四つの漢字で、姓型字の大半を占める。

第二に、朝廷の官職の名にあやかった官途名《かんとめい》型字は、人名全体の約四割弱にあたる。特に、一七世紀以降、その割合が増加する（一六世紀は二割台）。

第三に、官途名型字は衛門型と兵衛型ですべてである。衛門・左衛門・右衛門といった衛門型の官途名は、そのうちの四分の三を占めるが、実際には大半が左衛門系（左衛門・小左衛門・左衛門二郎など）で、なぜか右衛門系はほんのわずかしかない。与兵衛・善兵衛・太郎兵衛といった兵衛型の官途名は、一七世紀以降、近世に入って目につくようになる。

表11　16世紀前半～18世紀前半の紀伊国東村成人男性名の諸類型

人名類型 ＼ 年代		1501~1550	1551~1600	1601~1650	1651~1700	1701~1750	合計	構成比1	構成比2
姓型字	藤	0	9	0	6	3	18	2.4%	31.0%
	源	0	0	1	6	10	17	2.3%	29.3%
	平	3	1	3	3	2	12	1.6%	20.7%
	清	2	1	0	6	0	9	1.2%	51.5%
	中	0	0	2	0	0	2	0.3%	3.4%
	紀	0	0	0	0	0	0	0.0%	0.0%
	江	0	0	0	0	0	0	0.0%	0.0%
	小 計	5	11	6	21	15	58	7.8%	100.0%
官途名型字	受領名	0	0	0	0	0	0	0.0%	0.0%
	衛門	30	31	40	77	36	214	28.8%	76.2%
	兵衛	0	0	11	38	18	67	9.0%	23.8%
	左近・右近	0	0	0	0	0	0	0.0%	0.0%
	その他	0	0	0	0	0	0	0.0%	0.0%
	小 計	30	31	51	115	54	281	37.9%	100.0%
法名	法名	0	0	0	0	0	0	0.0%	
	阿弥陀名	0	0	0	0	0	0	0.0%	
	小 計	0	0	0	0	0	0	0.0%	
その他の字	孫	9	6	5	14	8	42	5.7%	11.5%
	助	0	1	0	6	3	10	1.3%	2.7%
	彦	11	5	10	12	6	44	5.9%	12.1%
	新	3	0	0	0	4	7	0.9%	1.9%
	又	0	8	11	8	2	29	3.9%	7.9%
	弥	2	7	0	0	0	9	1.2%	2.5%
	与	0	3	7	0	0	10	1.3%	2.7%
	甚	1	16	11	4	4	36	4.9%	9.9%
	○郎×郎	32	12	6	12	1	63	8.5%	17.3%
	○郎	1	4	0	0	0	5	0.7%	1.4%
	○×郎	0	4	4	8	5	21	2.8%	5.8%
	童名	1	3	0	0	1	5	0.7%	1.4%
	その他	0	2	18	30	34	84	11.3%	23.0%
	小 計	60	71	72	94	68	365	49.2%	100.0%
実　名		0	0	0	0	0	0	0.0%	
苗　字		10	1	0	15	12	38	5.1%	
合　計		105	114	129	245	149	742	100.0%	

注1　たとえば藤左衛門のように、姓型字と官途名型字の両方が含まれている人名はおのおのにカウントし、孫左衛門や左近次郎のように、姓型字(または官途名型字)とその他の字の両方が含まれている人名は、基本的に前者にカウントした。

2　構成比1は全人名中に占める各字の割合を、構成比2は姓型字、官途名型字、法名、その他の字それぞれの内部で各字が占める割合を示す。

これに対し中世百姓の人名に比較的多く見うけられる、近江介・越後大夫といった、国名を用いた官途名＝受領《ずりょう》名（国司《こくし》の官職名）や、左近・右近といった、左右の近衛府の官職にもとづく官途名は、まったく存在していない。この点は、先に見た近江国菅浦《おうみのくにすがのうら》の事例と比較しても際立っている。

第四に、この表の範囲では法名はまったく見当たらない。「名つけ帳」以外の史料中に、数はそれほど多くはないものの、法名の人物が目につくことからすると、おそらく、「名つけ帳」に新生児の父親として登場する段階ではまだ年若く、入道成りして頭をまるめ、法名を名のる年齢に達していなかったのではなかろうか。

第五に、その他の字は合計すると最も数が多く、全男性名の約半数に及ぶが、その中では○郎×郎系（三郎五郎など）、孫系（孫太郎など）、彦系（彦次郎など）、甚系（甚三郎など）が目につく。

第六に、苗字は一六世紀後半～一七世紀前半に一時期見えなくなるものの、ほぼ一貫して存在する。特に、一七世紀後半以降、今日に至るまで、「名つけ帳」に登場する父親は、苗字を用いるのがあたりまえとなる。

他の史料に見える成人男性名

では、「名つけ帳」以外の史料に記されている成人男性名はどうか。こちらは一三世紀前半より残されているので、「名つけ帳」が書き継がれ始める以前の状況を明らかにしたり、鎌倉時代から室町時代にかけての歴史的な変遷をたどったりする上で、これらの史料の分析は不可欠な作業だということができる。

一一六・一一七ページの表12は、一三世紀前半〜一六世紀後半における東村の成人男性名の一覧である。先に見た表11とも対比しつつ表12を検討すると、おおむね次のようなことが明らかになる。

（1）東村において姓型字の割合は、一三世紀前半から一貫して低い（表11では七・八%、表12では五・三%）。その中にあって、表11で比較的目についた藤が頭にくる姓型字は、表12ではあまり存在せず、源の字と平の字が頭にくる姓型字が大半を占める。

（2）官途名型の字のパーセンテージが全人名の四割弱を占めている表11には及ばぬものの、表12でもそれは全人名の四分の一弱に達する。官途名型字の数は鎌倉時代には少なく、一五世紀の前半になって急に増える。

（3）官途名型字のうち、国名を用いた受領系の字は、一三世紀代にわずか三例見うけられる以外、一六世紀末に至るまでまったく存在しないが、この点は表11から得られた結論とも合致する。同じく、左近・右近系の字も、ごくわずかしか見あたらない。これは、そもそも東村住民の人名中には受領系の字や左近・右近系の字がほとんどなかったという事実を示している。

（4）一方、衛門系の字は表11のみならず、表12の範囲でもかなりの数に及ぶが、その初見は一五世紀前半である。この事実は、前節で述べた菅浦のケースと同じく、この東村においても衛門系の字が室町時代になってはじめて登場したこと、そして、それは近世江戸時代にまでつながる名前だったということを意味する。また、表11では近世に至って出現したかのように見える兵衛系の字が、表12によると、実は一

合計	構成比1	構成比2
4	0.3%	4.8%
38	2.4%	45.2%
34	2.2%	40.5%
4	0.3%	4.8%
3	0.2%	3.6%
1	0.1%	1.2%
0	0.0%	0.0%
84	5.3%	100.0%
3	0.2%	0.8%
205	13.0%	56.0%
64	4.1%	17.5%
5	0.3%	1.4%
89	5.7%	24.3%
366	23.2%	100.0%
32	2.0%	94.1%
2	0.1%	5.9%
34	2.2%	100.0%
88	5.6%	9.0%
23	1.5%	2.4%
85	5.4%	8.7%
8	0.5%	0.8%
30	1.9%	3.1%
20	1.3%	2.0%
14	0.9%	1.4%
4	0.3%	0.4%
256	16.3%	26.2%
144	9.1%	14.7%
0	0.0%	0.0%
191	12.1%	19.5%
114	7.2%	11.7%
977	62.0%	100.0%
29	1.8%	
19	1.2%	
66	4.2%	
1575	100.0%	

表12　13世紀前半～16世紀後半の紀伊国東村成人男性名の諸類型

人名類型 ＼ 年代		1201~1250	1251~1300	1301~1350	1351~1400	1401~1450	1451~1500	1501~1550	1551~1600
姓型字	藤	0	0	0	0	0	0	3	1
	源	0	0	1	3	13	14	7	0
	平	0	1	3	4	7	13	6	0
	清	0	0	1	0	0	0	1	2
	中	0	2	0	0	1	0	0	0
	紀	0	0	0	1	0	0	0	0
	江	0	0	0	0	0	0	0	0
	小計	0	3	5	8	21	27	17	3
官途名型字	受領名	2	1	0	0	0	0	0	0
	衛門	0	0	0	0	30	119	48	8
	兵衛	0	0	0	2	18	32	10	2
	左近・右近	0	0	0	2	1	1	0	1
	その他	0	8	12	14	9	40	6	0
	小計	2	9	12	18	58	192	64	11
法名	法名	0	0	0	5	8	19	0	0
	阿弥陀名	0	0	2	0	0	0	0	0
	小計	0	0	2	5	8	19	0	0
その他の字	孫	0	0	2	6	15	50	11	4
	介	0	0	0	1	0	11	11	0
	彦	0	0	1	8	24	37	13	2
	新	0	0	1	1	1	0	5	0
	又	0	0	0	11	4	12	3	0
	弥	0	1	4	6	4	3	1	1
	与	0	0	3	1	0	3	0	7
	甚	0	0	0	0	0	0	2	2
	○郎×郎	0	0	1	3	34	148	62	8
	○郎	2	5	2	5	19	88	23	0
	○×郎	0	0	0	0	0	0	0	0
	童名	0	4	3	9	49	99	19	8
	その他	0	6	6	5	32	41	22	2
	小計	2	16	23	56	182	492	172	34
実名		1	9	19	0	0	0	0	0
姓		0	4	15	0	0	0	0	0
苗字		0	2	1	0	21	25	16	1
合計		5	43	77	87	290	755	269	49

注1　「名つけ帳」以外の史料に見える人名をまとめた。
　2　人名のカウントの方法や、構成比1、構成比2の意味は表11に同じ。

四世紀後半にはすでに存在していたということもわかる。

(5) 法名は諸史料にかなりの数散見するが、その多くは粉河寺の僧侶のものであり、明らかに東村の住民と目される人物の法名は、それほど多くはない(全人名の二%程度)。ただし、粉河寺の僧侶の名前か東村の住民の名前か判然としないものも相当の数あり、後者の法名がもう少し増える可能性は残る。

(6) その他の字は全成人男性名のうちの六割強にあたる。この比率は、表11に見える一六世紀以降の状況(全成人男性名の半数弱)と比べてみてもかなり高い。表11の段階においてその他の字のパーセンテージが六割強から五割弱へと低下したのは、一五世紀以後に官途名型字の割合が増えたことの影響だと考えられる。

(7) その他の字の中では、○郎×郎系が一番多く、二番目に童名系(成人に達しても童名のままの人名)、三番目に○郎系、そして四番目に孫系の順で続く。ただし、童名系の字には、本当の子ども数多く含まれており、大人になっても童名しか名のれなかった者の数は、表11の状況を勘案するに、あまり多くはなかったと思われる。

(8) 表11と表12との最大の違いは、○郎系の字のパーセンテージにある。すなわち、表11ではその他の字のうちの一・四%が○郎系なのに対し、表12では一九・五%と、何と一四倍にも達するが、この事実は、○郎系の字が中世に特徴的な字であって、一六世紀末に消滅したことの帰結とみなすことができる。

(9)姓と実名は一四世紀前半で消滅するのに対し、苗字は一五世紀前半から急増する。それは前章で明らかにした山国荘のケースとまったく同様な傾向であり、「姓(氏名)から苗字(家名)へ」といった大きな流れをここでも想定することができる。

東村と菅浦の共通点

これまで述べてきた東村の実例を、先に見た菅浦の実例と比較するとどうなるか。

まず、数は菅浦ほど多くないものの、東村においても姓型字が室町時代はおろか、江戸時代に至るまで残存していた。先にも触れたように、姓型字ときわめて関係が深い姓自体は、東村の場合一四世紀前半に史料上から姿を消す。それにもかかわらず、姓型字の方は本来の意味を失いながらも以後もずっと残ったわけで、その理由としては、菅浦のケースと同様に、姓型字と姓との対応関係が希薄になる一方、前者が家名化を遂げて父より嫡男へと先祖代々受け継がれるようになったということがあげられるのではなかろうか。

次に、これまた菅浦と共通する問題だが、衛門系の字や兵衛系の字など近世にまでつながる官途名が登場したのは、室町時代のことであった。室町時代に起源を持つそれらの新しい官途名は、この時代に粉河荘という荘園の内部に形成された東村という村のレベルでの宮座において「官途成り」の儀式を行なう際に、老衆が名のった名前だったと思われる。

さらに、官途名が一般化した一五世紀前半ごろを境として、東村でも同一の人名が繰返し登場するようになる。表13は、表11と表12を連続させた上で、一三世紀前半から一八世紀前半にかけての五五〇年間を五〇年単位で一一期に区分し、同一の人名が都合何区分に登場するかをカウントしたものだが、これによると、確かにおおむね一四世紀後半〜一五世紀前半あたりからこうした傾向が目立ち始めてくることが、手にとるようにわかる。

祖名継承の実態

ここで父親から嫡男への祖名継承の実態を、もう少し具体的に見てみよう。この問題を調べるのに好都合なテクストとして、例の「名つけ帳」があげられる。なぜならば、「名つけ帳」には東村の宮座の座衆たる父親の名前と、生まれて間もない彼の息子の名前とが列記されており、同名でも赤の他人の場合は、居住地名によって明確に区別されているため、父親の名前を成人した子息（嫡男）が襲名する様子を具体的に把握できるからである。

もっとも、当時の医療状況や衛生状況を勘案すると、当然のことながら多産多死が一般

表13　頻出する人名の登場期間

期　間		人　名
7期	連続	彦次郎
	中断あり	三郎
6期	連続	左衛門三郎、二郎左衛門、孫五郎、次郎
	中断あり	平内、孫二郎、次郎三郎
5期	連続	右馬太郎、彦九郎
	中断あり	孫太郎、孫四郎、又五郎、四郎
4期	連続	左衛門次郎、衛門次郎、左衛門九郎、三郎五郎、太郎二郎、二郎九郎、太郎五郎、太郎、五郎
	中断あり	衛門大夫、左衛門太郎、左衛門大夫、孫大夫、彦五郎、彦三郎、九郎二郎、五郎三郎、太郎九郎、九郎
3期	連続	源大夫、衛門三郎、衛門五郎、左衛門五郎、兵衛三郎、兵衛次郎、右馬三郎、右馬次郎、右馬、三郎次郎、二郎太郎、五郎二郎
	中断あり	左衛門四郎、孫三郎、助三郎、三郎次郎、二郎太郎

注1　1期は50年。
　2　東村住民の全人名のうち、延べ10回以上登場する人名のみをリストアップした。

的であり、母親はかなりの高齢に至るまで何人も子どもを産んだと思われる。したがって、両親に末子が生まれた頃に嫡男が成人・結婚し、隠居した父親の名前を襲名するとともに、みずからも男の子を授かって、襲名後の自分の名前と子どもの名前とを「名つけ帳」に載せるケースも決して稀ではなかったわけで、「名つけ帳」に記載されている同一の人名のうちの一体どこまでが父親の名前で、どこからが嫡男の名前か、世代交代の時期が紛らわしい部分も確かにあるが、こうした問題点も念頭に置きつつ、以下においては比較的わかりやすい事例をいくつか提示することにしたい。

事例1・平内のケース

表14からもわかるように、平内《へいない》という人名自体は一四世紀前半から一七世紀前半にかけて、一貫してかなりの数見うけられるが、このうち「名つけ帳」にかかわる部分は①一五〇一年（文亀《ぶんき》元）、②一五一五年（永正《えいしょう》一二）、③一五四二年（天文《てんぶん》一二）、④一六一四年（慶長《けいちょう》一九）、⑤一六一六年（元和《げんな》二）である。一五〇二年より一五一〇年まではデータが欠落しているため、①と②の両者が同一人物か、はたまた父子か、残念ながら不明だと言わざるをえない。これに対し、ライフサイクルを考慮に入れるに、②（一五一五年）の平内と③（一五四二年）の平内とは父子であったと見てさしつかえなかろう。つまり、「名つけ帳」に②の平内の子息として記載されている

表14　字継承の実例

年　代	平　　内	左衛門三郎	又　五　郎
14世紀前半	1305年(31)、1320年(43)、1347年(62)		
14世紀後半	1396年(97)		1375年(84)
15世紀前半	1436年(121)	1409年(107)、1436年(121)、1444年(126)	1430年(116)
15世紀後半	1465年(185)、1472年(132)、1475年(135)、1475年(136)、1478年(139)、1480年(148)、1484年(189)、1493年(154)、1498年(167)、1499年(171)	1465年(185)、1470年(129)、1472年(131)、1472年(132)、1475年(135)、1475年(136)、1476年(197)、1478年(139)、1478年(140)、1478年(141)、1478年(142)、1478年(143)、1478年(144)、1478年(145)、1480年(148)	
16世紀前半	1501年(名)、1504年(179)、1504年(180)、1511年(191)、1512年(192)、1515年(名)、1542年(名)	1501年(名)、1504年(179)、1507年(184)、1510年(188)、1511年(191)、1512年(192)、1520年(名)、1522年(197)、1525(名)、1529(200)、1533年(202)、1535年(名)、1537(名)	
16世紀後半		1552年(205)	1579年(名)、1585年(名)、1587年(名)、1596年(名)
17世紀前半	1614年(名)、1616年(名)	1605年(名)、1613年(名)	1616年(名)、1617年(名)、1620年(名)、1627年(名)、1628年(名)
17世紀後半		1653年(名)、1656年(名)、1659年(名)、1662年(名)、1666年(名)	1671年(名)

注　表中の(　)内は『粉河町史』2史料Ⅰ所収『王子神社文書』の史料番号を示す。なお、「名」と記したものは、「名つけ帳」に掲載されている人名である。

「さい鶴」が結婚して平内という名前を父親から襲名するとともに、二七歳になって、今度は「名つけ帳」に見える「市松丸」の父親の立場で③に登場したのである。

同様に、③（一五四二年）の平内と、④（一六一四年）・⑤（一六一六年）の平内は、祖父と孫の関係にあたると考えて大過あるまい。したがって、一六世紀初頭～一七世紀前半の間に、平内の名前は四～五世代にわたって確実に継承されたということになる。

事例2・左衛門三郎のケース

左衛門三郎《さえもんさぶろう》もまた、一五世紀の前半から一貫して見うけられる人名だが、「名つけ帳」に限ってみると、①一五〇一年、②一五二〇年、③一五二五年（大永《たいえい》五）、④一五三五年、⑤一五三七年、⑥一六〇五年、⑦一六一三年、⑧一六五三年（承応《じょうおう》二）、⑨一六五六年（明暦《めいれき》二）、⑩一六五九年（万治《まんじ》二）、⑪一六六二年（寛文二）、⑫一六六六年に、その名前が記されている。

右の中で、⑧～⑪（一六五〇～六〇年代）の左衛門三郎が同一人物であることは、まず間違いないと思われる。また、②と③（一五二〇年代）、④と⑤（一五三〇年代）、⑥と⑦（一六〇〇～一〇年代）も、おのおの同一人物とみなすことができよう。②と⑤の差がわずか一七年にすぎないことからすると、②～⑤はすべて同一人物かもしれない。仮に②～⑤を同一人物だとすると、彼と⑥・⑦の左衛門三郎との間には二世代、⑥・⑦の左衛門三郎と⑧以下との間には一世代入る可能性が高いため、こうしてみると、一六世紀初頭から一七世紀後半の百数十年間に、左衛門三郎の名前は六〜七世代にわたって代々受け継がれたと考えられる。

事例3・又五郎のケース

又五郎《またごろう》という人名は「名つけ帳」以外の史料には一四世紀後半に一例、一五世紀前半に一例見えるだけであり、この両者と一六世紀後半以降の段階において「名つけ帳」に掲載されている又五郎とは、系譜的につながらないかもしれない。

「名つけ帳」には、①一五七九年（天正七）、②一五八四年、③一五八七年、④一五九六年（慶長元）、⑤一六一六年、⑥一六一七年、⑦一六二〇年、⑧一六二七年（寛永《かんえい》四）、⑨一六二八年、⑩一六七一年に又五郎の名が記されている。これらのうち、①〜③（一五七九〜八七年）、⑤〜⑦（一六一六〜二〇年）、⑧〜⑨（一六二七〜二八年）の又五郎が、それぞれ同一人物であることは、ほぼ確実だろう。④（一五九六年）の又五郎は、①と④の差がわずか一七年しかないので、①〜③の又五郎と同一人物だと考えられる。

そうしてみると、①の又五郎は二郎丸、三郎丸、菊千代丸、石千代丸という四人の男子をもうけ（「名つけ帳」を参照）、一五七九年に生まれた二郎丸が成人して父より又五郎の名を受け継ぎ、⑤〜⑦の又五郎となったのではなかろうか。

さらに言えば、⑤〜⑦の又五郎と⑧〜⑨の又五郎も同一人物の可能性が高い。なぜならば、両者が同一人物だとすると、一五七九年生まれの又五郎は⑧〜⑨の段階でも四八〜四九歳であって、当時としては末子を授かっておかしくない年齢なのに対し、もし⑤の又五郎の子息が⑧〜⑨だとすると、わずか一一歳で父親になってしまう勘定になるからである。

一方、⑤〜⑨（一六一六〜一六二八年）の又五郎と⑩（一六七一年）の又五郎の関係は、祖父と孫の関係であり、間に一世代入るとみなせよう。以上をまとめると、一五七九年から一六七一年にかけての約九〇年間に、又五郎の名前は都合四世代にわたって継承されたことになる。

家名の成立

右の三つの事例からも明らかなように、一六世紀から一七世紀にかけて、ここ東村では父親の名前（正確には祖名）を嫡男が代々継承する風習が一般化していたのである。これは、まさしく平内家・左衛門三郎家・又五郎家といった家の名前＝家名の成立を意味しており、その前提としては、過去からはるか未来に至るまで先祖代々の永続を希求する家が、民衆レベルでも形成されたことがあげられる。

もちろん、祖名とは別に家名としての苗字も存在していたことは、表11と表12を見れば一目瞭然だが、戦国時代の東村の場合、おそらく山国荘《やまぐにのしょう》のケースとは異なり、杉原・堀・谷・林といった苗字は地侍《じざむらい》クラスの上層住民のみが用いていたのではなかろうか。それが一八世紀中頃以降になると、中・下層の住民にまで苗字の使用が広まり、「名つけ帳」でも苗字の記載が急増したと推測される。

なお、事例1の平内にせよ、事例2の左衛門三郎にせよ、事例3の又五郎にせよ、本来ならばすべての父子名が載っているはずの「名つけ帳」で、ところどころその名前が記載されていないケース（一世代か二世代とんでしまうケース）も見うけられる。こうしたことが起きた理由としては、おのおのの家においてたまたま男子が生まれずに養子をとったり娘に婿をとったりしたとか、ごくまれに見られる欠年の年にたまたまあたってしまったとか、祖父と孫に見えて、実は父子だったとか（中に一世代入らない）、あるいは何らかの事情で記載漏れになってしまったとか、思いつく限りではそんなところがあげられるのではないかと考えている。

「名つけ帳」に見える男児の名

それでは、「名つけ帳」に見える子どもの名前の方はどうだろうか。次ページの表15に注目していただきたい。この表は一五〇一年（文亀元）から一七五〇年（寛延《かんえん》三）にかけての二五〇年間について、「名

表15　16世紀前半〜18世紀前半の紀伊国東村男児名の諸類型

人名類型＼年代		1501~1550	1551~1600	1601~1650	1651~1700	1701~1750	合計	構成比1	構成比2
動植物名	動物名	11	12	3	23	18	67	8.4%	28.8%
	植物名	40	35	27	23	23	148	18.6%	63.5%
	動物名+植物名	8	3	1	3	3	18	2.3%	7.7%
	楠	26	9	6	3	12	56	7.0%	24.0%
	松	24	24	20	24	11	103	12.9%	44.2%
	小計	59	50	31	49	44	233	29.2%	100.0%
排行名		25	19	62	141	80	327	41.0%	
蔵		0	1	37	31	3	72	9.0%	
吉		0	1	7	10	9	27	3.4%	
その他		22	31	21	32	32	138	17.3%	
合計		106	102	158	263	168	797	100.0%	

注1　たとえば松吉のように、二つのカテゴリーが含まれている名は、原則として両方にカウントした。

2　構成比1は全童名中に占める各童名の割合を、構成比2は動植物名の内部で占める各童名の割合を示す。

つけ帳」に掲載された、原則として生後一年以内の男児の童名を一覧表化したものである。先にも述べたように、「名つけ帳」に記された男児の名前をめぐっては、宇野脩平氏や瀬田勝哉氏が興味深い考察を加えておられるが、ここでは表15によって明らかにできることをまとめていきたい。

まず第一に、一六世紀までの中世段階においては、亀松丸・森菊・楠松丸・鶴若丸といった、動物の名や植物の名を用いた名前が、全童名のうちの半数以上に及んでいた。中でも、楠の字と松の字を含んだものが、おのおのかなりの割合を占めたことは、瀬田氏が指摘されるとおりである。

また、松が開明的で文明を象徴しているのに対し、楠が原始的で未開を象徴するという氏の理解については、とても面白い指摘ではあるものの、今ここでその妥当性を判断することは、残念ながらできないと言わざるをえない。ただ、両者が長寿・永続性・若さの持続を表象する漢字であり、この二字を含んだ人名は、家と村の末永き繁栄を望んでつけられた名前だったという点については、まったくもって異存がない。

第二に、八郎丸・二郎法師・太郎のような排行《はいこう》名は、中世・近世を通じ、一貫してかなりの数存在するが、中世と近世を比較すると、排行名のパーセンテージは近世（一七世紀以降）の方がかなり高い。というよりも、近世における童名中の最大勢力は、まさしく排行名だったと言うことができる。

排行名は、分割相続が一般的であった鎌倉時代以前の段階において、財産相続の多寡《たか》にかかわる出生順を明示する必要性からつけられた名前だと言われているが、分割相続が衰退して嫡男単独相続の段階に至った近世江戸時代の東村で、中世以上に排行名がたくさん見うけられたのはどうしてだろうか。その理由はもう一つ定かではないが、おそらく、若一王子社の宮座の座次をめぐって、長幼の区別をつける必要があったからではないかと思われる。

第三に、宇野氏と瀬田氏がともに注目される蔵の字や吉の字がつく童名は、確かに近世の初頭に登場し（蔵は豊臣秀吉が死去した一五九八年〈慶長三〉、吉はその前年にあたる一五九七年が初見）、一七世紀にはかなり一般化する。当時の東村の人々が富と幸運を招き寄せようと願って、この二字を含んだ人名を子どもたちにつけたことは、あらためて述べるまでもないが、表15をよく見ると、蔵の字と比べて吉の字はそんなに多くないという事実にまず気づく（童名の総数に占める吉の字がつく名前の割合は、わずか三・四％）。

一方、蔵の字を含んだ童名は、一七世紀前半こそたくさん見うけられるが、一七世紀後半になるとその比率はだいぶ下がり、一八世紀にはほとんど目に入らなくなってしまう。吉はもちろんのこと蔵ですら、近世を通じての排行名の多さには、まるでかなわないのである。

つまり、瀬田氏がテクストとして依拠した『粉河町史』第二巻には、一六四五年（正保《しょうほ》二）までしか「名つけ帳」が載っておらず、一六四六年より今日に至るまでの部分は省略されているため、氏は近世における蔵の字を含んだ童名の激増を強調するのだが、もっと後の時代まで調べてみた時、実はそうとも言えないことがわかる（表15の全時代をとおして見ると、童名の総数に占める蔵の字がつく名前の割合は、九％程度）。やはり、こういった長文の帳簿を検討する際には、可能な限り史料の全文を翻刻《ほんこく》したテクストを用いるべきであろう。

では、なぜ蔵の字を含んだ童名は、近世初頭に激増し、以後しだいに下火になったのだろうか。その理由もやはりはっきりとはしないが、あえて推測するとすれば、蔵に象徴される富に対する欲望も、結局のところ一時的なものにすぎず、排行名の重要性にはついに及ばなかったのではなかろうか。

「名つけ帳」に記された、それこそたくさんの人名。一見無機質な記号にすぎないこの人名を精査することによって得られた童名のレベルでの中世から近世への転換は、動植物名から蔵を含んだ名前へという瀬田氏的な図式ではなく、大きな流れとしては、むしろ動植物名から排行名への転換としてとらえた方が、実態に近いのではないかと思う。ただし、動植物名にしろ排行名にしろ、前者は近世にも、後者は中世にも、それなりの割合で存在しており、前者から後者へという図式は、あくまでも一定の傾向にすぎないことを、ここでは付け加えておきたい。

女性の名前

平安〜鎌倉時代の女性名

女性名研究のあゆみ

　これまで、男性の名前について見てきたが、次に女性の名前についても調べてみよう。

　まず、女性名をテーマとしたこれまでの研究にはどのようなものがあるか。正直言って男性名の研究と同様に、女性名の研究もかなり少ない。いや、資料上に記されている男性名の数と女性名の数とを比較すると、圧倒的に前者の方が多く、その点から言っても、女性名の研究は男性名の研究以上に困難がつきまとう。

　そんな中にあって、角田文衞《つのだぶんえい》氏はたくさんの資料から集めた豊富なデータをもとに、古代から近代に至る女性名の変遷を、はじめて具体的にたどられた（『日本の女性名』上・

中・下)。同書は女性名に関する本格的研究の嚆矢《こうし》といっても過言ではない。

また、国文学者で民俗学者でもあった鈴木棠三《とうぞう》氏は、晩年人名に関する研究を手がけられ、「古代人名の構造」「人名管見」「万葉びとの名」「八丈島の序列名」「戦国時代末期の女性名」といった興味深い仕事を、次々に発表した(『言葉と名前』)。これらの研究においては、女性名にもかなりのスペースが割かれている。

さらに、古代・中世の女性名を社会状況の変化とからめてとらえたのが飯沼賢司氏の研究である(「女性名から見た中世の女性の社会的位置」「中世女性の名前について」)。氏は当時の女性名をいくつかの類型に区分した上で、それぞれが女性の社会的地位の問題と密接に関係していることを明らかにした。飯沼氏の仕事は、本書の内容ともかなりかかわってくるので、項をあらためてその全体像を明らかにしたい。

女性名の分類

飯沼氏によると、平安時代から鎌倉時代にかけての女性名は、次の五つの類型に区分できるとのことである。

A　古代型(虫売、広刀自《ひろとじ》売など)　売は「め」と読む。動植物などもろもろの事物に神が宿るというアニミズム信仰にもとづく名が主流で、一〇世紀を境にして消滅する。

B　嘉字＋子型（定子《ていし》、彰子《しょうし》など）　九世紀後半〜一〇世紀に急増し、一一世紀後半に激減する。嵯峨《さが》天皇の命名改革によって、子のつく女性名が一般化した。同時に、子ども時代の名前である童名と、成人名との区別も出現したが、Bのような成人名を名のれる女性は、公的な場に奉仕する一部の上流女性に限られた。

C　童名《どうみょう》型（観音女、鶴石女など）　一一世紀に登場し、一二世紀初頭以降に急増する。鶴石女・松女といった動植物名など、Aと同様に呪術的なもののほか、観音女・薬師女といった仏教信仰に関係の深い名も多く見られる。

D　排行《はいこう》＋子型（姉子、二子、三子など）　一〇世紀前半に出現し、一一世紀〜一三世紀はじめには、全女性名の半分以上の比率を占める。一三世紀後半になると、しだいに減少する。Dが流行した時代は、女性も財産相続権を持っていた時代であり、しかも、出生順によって相続できる土地財産の量に差があることが多かったため、それが女性の名前にも反映されて、D型の名前が登場した。

E　氏女《うじのにょ》型（藤原氏女、中原氏女など）　一一世紀後半に登場する。藤原氏、中原氏、源氏、平氏をはじめとした古代貴族の氏名の下に「女」という字をつけた。この場合、女性は結婚しても未婚時代の姓（多くは父親と同一の姓）を用い続けたが、飯沼氏はこれを、実家との結びつきの強さのあらわれとみなした。

人名から見た中世前期の女性

以上のような分類を行なった上で、飯沼氏は平安時代後期〜鎌倉時代の女性を、身分の高いほうから順に、①子ども時代の童名をある時点で捨てて、定子・彰子といったB型（嘉字＋子型）の成人名を名のる女性、②童名の使用をある時点でやめて、〇〇女房、××女房などの通称を名のる女性、③成人・結婚などを機に童名をはばかり、D型（排行＋子型）やE型（氏女型）の名を使用する女性、④生涯童名を使用し続ける女性、の四つに区分した。

①に区分した女性は、皇后・皇女のほか、女官・女房など宮中で公的な役職に就いて働いている女性である。それ以外の一般女性は、こうした名を名のることができなかった。②や③には、貴族・武士の女性のみならず、庶民女性の多くも含まれる。つまり、農民や商人・職人などの女性も、藤原氏女・平氏・宗像女房といった名を用いていたのである。このうち氏女の呼称の存在は、先に見た男性名のケースと同様に、女性も氏の一員だったことを示している。

子ども時代の名である童名を生涯使い続ける④の女性は、大人になっても子ども扱いされている女性で、男性の場合と同じく、本来的には下層民だった可能性が高い。

童名の実例

では、実際のところ童名にはどのようなものがあっただろうか。この点については、一二六八年（文永五）の「大和元興寺《やまとがんごうじ》聖徳太子木像胎内文書《しょうとくたいしもくぞうたいないもんじょ》」が参考になる。胎内文書とは、仏像の胎内に納められた文書のことで、多くの場合、その仏像を作るための費用を負担した人々の名が、仏に結縁《けちえん》した者として記されている。広く寄付を募って仏像を建立する方法は、当時よく行われており、「結縁交名《けちえんきょうみょう》」と呼ばれる胎内文書には、男性名のみならず女性の名もたくさん載っている。胎内文書に記された多くの女性名については、京都郊外の西岡地域における二寺院の仏像を例に、細川涼一氏も目を向けているが（「女性・家族・生活」）、これらの事実は、現世における安穏な生活と、後生における極楽への往生を願って、わずかな額ながらも出銭した女性が多数いたことを物語っていよう。

一四〇・一四一ページの表16に着目していただきたい。同表は「聖徳太子像胎内文書」（『鎌倉遺文』九八六五～九八八二）に掲載されている女性名をリストアップしたものだが、ここに見える女性名の大部分は童名とみなすことができる。見てのとおり、女性の童名は男性の童名のあとに「女」をつける形をとっている。鶴女・松女・虎石女・亀石女・梅女・有熊女・春菊女といった動物名・植物名や、釈迦女・薬師女・金剛《こんごう》女・千手《せんじゅ》女・吉祥《きっしょう》女・毘沙女といった仏神に関わる名が比較的多いのは、男性の童名と同じである。男性の童名の項でも述べたように、本来童名は文字どおり子どもが名のった名前であり、子どもは神に近い境界的な存在ということで、動物名・植物名のようなアニミズム的な名や、神仏の名が多く用いられた。

では、鎌倉時代の女性は童名しか名のれなかったのだろうか。飯沼氏も明らかにされているように、もちろんそれ以外の形の女性名も存在した。おそらく、これらの文書に記載されているものの中には、生涯童名を名のり続けざるをえない女性だけでなく、実際にはB型・D型・E型の名も持っているにもかかわらず、童名で記されている女性も、かなりの数含まれているのではないかと思われる。また、もしかすると親が幼少の娘の幸せを願い、娘の名義（当然彼女は童名である）で出銭しているケースも、相当数あったかもしれない。

いずれにしろ、この「聖徳太子胎内文書」の「結縁交名」は、鎌倉時代女性の童名の実態を知る上で、きわめて興味深い史料だと言える。江戸時代はもとよりのこと、明治時代以降においても「お鶴」「お亀」「お松」「お菊」など、動物の名や植物の名を名のっている女性がかなりいたが、その出発点となったのが、平安時代後半に登場し、鎌倉時代に入

史料番号	人　　名
9872	延寿女、延命女、補陀女、薬師女、愛徳女、丹後女、阿古女、藤原姉子、春徳女、尼女、清至女、カイチ女、未代女、トヨ女、長命観音女、千手女、徳女、若女、アマ日女、愛生女、宮王女
9873	弥増女、春松女、亀石女、阿古女、辰女、土用女、愛徳女、石王女、愛王女、亀松女、東院女、文殊女
9874	あき御前
9875	春力女
9876	かつ尼
9877	乙女、閉女、千寿女、龍寿女、亀松女、弥松女、千手女、万寿女、文殊女、春徳女
9878	守王女、長命女、亀鶴女、観音女、篠女、金女、地蔵女、尼観阿、尼聖阿、延命女、春女、質婆女、愛染女、藤王女、三条女、観世女、米持女、世誉女、千手女、寿財女、袈裟女、阿摩女、吉祥尼、乙女
9880	尼妙阿、薬寿女、無量女、文殊女、夜叉女、春王女、辰女、千鳥女、愛得女、阿古女、吉祥女、土用女、如来女、犬女、桐王女、薬師女
9881	春女、ス女、讃岐女、観世女、コンス女、娘女、アイス女、マサコ女、菊尼、フクス女、クワコアヲイ女、クワコ女、米女、ライス女、薬師女、愛徳女、千手女、スハウ女、大進女、三人女、如来女、イマスミ女、松女、如来法師ます女、市王女、かこい王女、かこいし王女、かこいなは女、かこい女、大夫女、亀王女
9882	阿古女、愛寿女、袈裟女、愛王女

注1　史料番号は『鎌倉遺文』の史料番号を示す。
2　「聖徳太子像胎内文書」は文永5年2月分と4月分が残存するが、ここでは2月分のみをリストアップした。

表16　「聖徳太子像胎内文書」の女性名（文永5年2月分）

史料番号	人　　　名
9865	観世女、阿女、寿王女、阿故女、阿摩女、鶴女、若狭女、正寿女、千手女、正命女、毘沙女、とさ女、春女
9866	観音女、尼理妙、尼西蓮、延命女、愛王女、大進女、助女、甲斐女、春石女、亀石女、春女、亀女、乙女、春日女、惣寿女、乙王女、姫御前、たか女、ひこ尼、やし女、とくわう女、みゃうはう女、松尼、薬師女、千眼女、すわう女、尼女
9868	尼御前、春石御前、はま石御前、お松御前、ねう御前、阿古御前、姫石御前、おんはう御前
9869	タチマ女、松石女、薬師女、姫王女、トチ女、スムメイ女、亀、女、フクス女、クワンソ女、エス女、センナウ女、力王女、観音女、イカ女、スムシ女、スンシ女、スノ袈裟女、カイウ女、シメイ女、姫石、石松女、アイワウ女、乙女
9870	万寿女、弥石女、虎石女、尼女、乙女、金剛女、松女、釈迦女、黒女、守女、守石女、愛徳女、善哉女、観世女、姫石女、朱雀女、菊若女、亀石女、石王女、鶴寿女、弥熊女、藤石女、阿児女、大進女、薬師女、吉祥女、力寿女、閉女、万歳女、菊石女、牛玉女、太王女、梅女、日王女、有女、宮王女、童女、辰王女、徳女、満女、長寿御前、乙石女、勝王女、市女、袈裟女、四郎女、如来女、有熊女、阿倶利女、亀有女、延寿女、瑠璃女、鶴石女、一熊女、長寿女、福寿女、尼阿弥陀仏、若女、土用石女、寿王女、春菊女、長力女、薬寿女、力若女
9871	笠姉子、尼阿妙、尼教阿、尼蓮阿、尼弁財、阿部仲子、藤井姉子、尼阿、藤原若女、藤原薬師女、伊賀女、讃岐女

ると急増した童名型の女性名だったのである。

夫婦別姓から夫婦同苗字へ

今日の「夫婦別姓」

ところで話は変わるが、平安時代・鎌倉時代においては夫婦別姓が一般的だった。夫婦別姓と言えば、近年におけるそれがただちに思い浮かぶ。だが、今日の夫婦別姓は、正確には夫婦別苗字であって、別姓ではない。なぜならば、先にも触れたように、現代の私たちが用いているものは、いわゆる姓ではなく苗字だからである（以下、今日のそれは「夫婦別姓」と括弧をつけて記す）。

ここでもう一度、苗字の特徴について考えてみよう。苗字は本来的には個人の名前ではない。それは、あくまでも家という社会組織に固有の名前＝家名であった。すなわち、家は共通の先祖を祀《まつ》り、祖父から父、父から長男、長男からそのまた長男へと先祖代々、家産や家名、家業、そして家の墓などを守り伝える。家名としての苗字は、家の永続をシンボリックに示すものであり、原則として家のメンバーは、同一の苗字を用いることが求められた。

この家名としての苗字の意味合いが人々の意識のレベルではしだいしだいに薄れて、個人の名前の一部（上半分）と化しつつあるのが、今日の一般的な状況だと言えよう。それにもかかわらず、戦後においても戦前と同様に家族をひとまとまりの単位として把握する戸籍制度が存続し、その結果、苗字の家名的な側面がなお形式的に維持され、夫婦が同一の苗字を名のることを、法律によって強制する。

しかも、家名は基本的に父系の線で継承されるものだったため、建前上は結婚後の苗字を夫の苗字とするか妻の苗字とするかはそれぞれの夫婦の自由とされながらも、実際のところ、圧倒的多数は夫のそれを名のることとなっている。

こうした中、生まれてこの方慣れ親しんだ名前が変わることに対する違和感や、苗字を変えることによって起こる社会的な不利益を解消する方法として、希望すれば夫婦が別々の苗字を用いられるようにする選択的「夫婦別姓」（夫婦別苗字）の制度が、にわかにクローズアップされてきた。

やや古いデータではあるが、二〇〇一年（平成一三）八月の内閣府の世論調査によると、選択的「夫婦別姓」に賛成する人は四二%あまりで、はじめて反対派を超えた。その法制化を望む人々の数は年々増加する傾向にあり、世代的には若い世代ほど選択的「夫婦別姓」に賛成する声が多いといえる（『朝日新聞』二〇〇一年八月五日付朝刊）。

「夫婦別姓」反対論の論拠

だが、苗字の本質が家名であって、家のメンバーは同一の苗字を用いることが本来のあり方だったという事実は、家制度の維持に熱心な一部の保守的な論者による「夫婦別姓」反対論を勢いづかせる。彼らは主に高齢者を中心とする一定の世論を背景に、「家族の一体感」や「家族の絆《きずな》」を弱めないためにも、「日本の伝統」である「夫婦同姓」（夫婦同苗字）を、未来永劫に至るまで守るべきだと主張する。

これを突き詰めると、同一の苗字を名のれば一体感が増し、名のらないと一体感が損なわれるという議論に行き着くが、同一の苗字か否かによって、家族の絆の強弱が左右されるなどといったことが、はたして本当にありえるのだろうか。もしそうだとすると、日本全国の坂田さんはみな私にとって一体感のある存在だということになってしまう。

だいたい、家族の絆はそんな形式的なことで左右されるものではなく、日々の生活の中で培われるお互いの思いやりの気持ちや、信頼関係によって強められるものであることぐらいは、少し考えれば小学生にだって十分に理解できることだと思われる（もちろん、ジェンダー論的な見地から見れば、そこにも知らず知らずのうちに権力関係が忍び込む危険性が潜んでいるが）。

おそらく、彼ら反対派がイメージする「家族の一体感」なるものは、あくまでも家制度的なそれであって、「夫婦別姓」反対論の真のねらいは、このままでは完全に滅び去るのも時間の問題の家制度を死守するために、家名としての苗字を維持しようとする点にこそある。

私自身は、こうした立場には従いえないものの、彼らの主張の是非はとりあえずさておき、苗字が元来は個人名の一部ではなくまさに家の名前であり、したがって、少なくとも家制度の存続を前提とする限りにおいては、家族全員が同一の苗字を用いることを当然視したとしても、ことその点に関しては故なしとは言いきれないと思われる。

「夫婦別姓」の伝統

これに対し、主に「夫婦別姓」を擁護する研究者の側から、「夫婦同姓」は決して「日本の伝統」などではなく、それはたかだか明治時代以降、一〇〇年少々のことにすぎないといった見解が出されている。このような見解の多くは、近世江戸時代には「夫婦別姓」が一般的であり、明治になってもしばらくの間は、「夫婦同姓」「夫婦別姓」いずれにすべきか、政府の判断もなかなか定まらず、最終的に明治民法によって「夫婦同姓」が強制されるまで、「夫婦別姓」の慣習が残ったという立場に立っている（たとえば、井戸田博史「夫婦の氏」、折井美耶子「明治民法制定までの妻の氏」）。

しかし、繰り返しになるが、ここでいう「夫婦別姓」とは厳密には夫婦別苗字のことであり、はたして江戸時代に夫婦別苗字が一般的だったかというと、おそらくそうではない可能性が高い。

確かに、「夫婦同姓」（夫婦同苗字）が悠久の昔から続く「日本の伝統」だとする「夫婦別姓」反対論者の主張に根拠がないことは、追々明らかにしていくが、さりとて、それが明治以降の産物だというわけでもないのである。

江戸時代の状況

では、実際のところ江戸時代においてはどうだったのか。大藤修氏や柳谷慶子氏は、当時「夫婦別姓」がかなり広範に行われていたことを、墓碑銘や系図、大名の妻、一部の文人の実例などから推測している（大藤『近世農民と家・村・国家』、柳谷「日本近世の『家』と妻の姓観念」）。だが、それはあくまでも大名をはじめとした上流の武家の話にすぎない。近世の庶民の多くが苗字を持っていたことは、先に詳しく触れたところだが、少なくとも人口の圧倒的多数を占める庶民のレベルで考えた場合、近世を通じて夫婦同苗字の方が一般的だったと思われる。

なぜならば、明治時代初期の庶民は、士族とは異なって「夫婦同姓」（夫婦同苗字）を当然視する傾向が強く、明治維新の直後に政府が一時的にとった「夫婦別姓」（夫婦別苗字）政策に対する庶民の不満や批判は、かなり強かったからである（井戸田「夫婦の氏」）。次に述べる室町時代の状況をも考え合わせると、やはり江戸時代の庶民にとっては、夫婦同苗字があたり前のことだったのではなかろうか。

室町時代の夫婦同苗字

時代をさらに遡って、室町時代にまで時計の針をもどそう。本書にたびたび登場する丹波国山国荘《たんばのくにやまぐにのしょう》には、この時代の夫婦同苗字の実例が三例ほど存在する。まずはこれらの事例を順番に見てみよう。

事例１・江口家のケース

山国荘本郷地域の一番奥、枝郷黒田三ヵ村との境目に位置する井戸村の集落に、室町時代以来江口の苗字を代々名のり続けている旧家が存在する。京の都では応仁《おうにん》の乱の真っ最中だった一四七一年（文明三）三月、江口道仙は田地二反を菩提寺《ぼだいじ》の仙珠庵に寄進《きしん》した。寄進の目的は道仙夫妻の後生の菩提を弔うことにあったが（『山国荘史料』一三二）、この史料において道仙夫妻は「江口沙弥道仙禅門、同妙珠禅尼夫婦」と記されている。同妙珠禅尼の「同」とはもちろん、江口という苗字を指していよう。

この史料は近世に作成された写しであり、文章表現が中世的でないことからすると、中世文書の写しどころか、もしかするとまったくの偽文書かもしれない。だが、たとえ偽文書だったとしても、少なくともそれが作成された近世の段階には夫婦同苗字が一般的だったことを物語っている。

事例2・坊家のケース

一五二八年（大永八）、山国荘枝郷の下黒田村において一通の「譲り状」（土地財産の譲与証明書）が作成された（『山国荘史料』二五四）。

永代譲り渡し申す田地の事

合せて十五代（中略）

右、くだんの田地は、方（坊）の先祖伝（相伝）下地たるといえども、福石女に永代を限り、譲り渡し申すところ実正《じっしょう》なり。もって後日のため、譲り状くだんのごとし。

方（坊）姫

方（坊）又二郎（略押）

大永八年八月二十五日

福石女に譲り

右の史料によると、坊姫と坊又二郎は、面積にして一五代（一〇八歩《ぶ》、十分の三反）の田地を福石女に譲り与えた。ここで坊姫と坊又二郎は夫婦であり、福石女はおそらく両名の娘であろう。これもまた、明らかに夫婦同苗字の実例だと言える。しかも、この史料は事例1のケースとは異なり、文章表現を見ても、中世文書と考えてまず間違いない。

事例3・井本家のケース

山国荘枝郷下黒田村の井本家は、先にも述べたように同村きっての有力な家だったが、同じく下黒田村の鶴野家から井本家に嫁いできた女性がいた。彼女の名は「さいま」。「おさいま女」とも呼ばれる。一五四五年（天文一四）の一一月、鶴野兵衛二郎は姉の「さいま」に山林を譲ったが、宛所は「井本さいま」となっていた（『山国荘史料』二六四、二七四）。

つまり、「鶴野さいま」は嫁入りして「井本さいま」を名のったのである。婚姻によって、実家の苗字鶴野から、婚家の苗字井本に変えた「さいま」の例は、今日における夫婦同苗字のあり方とまったく異なるところがない。

以上のように、戦国時代より近世にかけての丹波国山国荘においては、夫婦同苗字が一般的だったということができる。

なお、近江国菅浦《すがのうら》でも、一五七九年（天正七）に公文《くもん》という浦の管理者的な役職に就いていた菅浦六郎左衛門の妻が、菅浦六郎あま女と名のっている事例が存在する。これも、夫婦同苗字の一つの実例とみなせるのではないかと思う（『菅浦家文書』一一〇）。

では、夫婦同苗字はいったいいつ頃まで遡れるだろうか。そして、それ以前はどうだったのだろうか。

結論から先に述べると、庶民が苗字を用いるようになった一四世紀後半〜一五世紀初頭以前までは、当然のことながら遡ることはできない。山国荘の場合、一五世紀後半以降苗字の数が激増するが、おそらく、それに比例して夫婦同苗字も広まったのではないかと思われる。

真の意味での夫婦別姓

確かに、「夫婦別姓」（夫婦別苗字）を擁護する研究者にまま見うけられる主張、すなわち、「夫婦同姓」（夫婦同苗字）は明治民法の制定によってもたらされたもので、高々一〇〇年の歴史にすぎないという説には、残念ながら従いえないが、さりとて、それが「悠久の昔からの日本の伝統」というわけでもなく、その風習の起源を南北朝内乱時代（一四世紀中頃）より前に求めることは、絶対にできない。

ここで再確認したいことは、苗字と姓は別ものだという、これまでたびたび指摘した事実である。鎌倉時代以前は貴族や武士はもちろん、庶民においても姓の使用が一般的であり、そこでは女性も藤原氏女・源氏女・平氏女といった具合に、姓を名のっていた。しかも、この姓は結婚後も変わることがなく、表17からも読み取れるように、夫婦は原則とし

表17　鎌倉時代における夫婦別姓の実例

西暦	妻の名	夫の名	面積	所在地	備考	史料番号
1188	藤井氏	大中臣氏			屋敷売券	326
1200	内牧氏女	源友忠	1町4段			1125
1201	伴氏	源氏	1段			1232
1201	大江氏女	源頼基	5段小	京都市中		1237
1208	女清原氏	中原氏	1段	摂津宇保村		1725
1211	藤原氏女	葛原吉貞	1段半	山城紀伊郡		1901
1220	度会氏	物部貞弘	1段	伊勢湯田野		2646
1220	丹治姉子	僧興弁	2段	大和東郷		2700
1222	同上	同上	3段	同上		2938
1223	藤原氏	葛木氏ヵ？ (長男が葛木)	2段	同上		3059
1223	田辺氏女	藤原清真		京都右京	屋敷売券	3077
1246	秦氏	源時永	3段	摂津粟生村		6638
1300	橘氏女	沙弥覚阿(相知)	4段	但馬八代荘	寄進状	20464
1303	千松女	物田(部ヵ)国友(相友)	小	東寺左京職		21355
1311	藤原氏女	きんあつ(夫ヵ？)	6段	備前長嶋荘		24486
1318	御了女	神奴忠光	1段	摂津むこの西条		26575
1320	尼円祐	為成 (子息の可能性もあり)		京都市中	屋敷譲状	27376
1320	逆石女	共光部 (子息の可能性もあり)	1段	山城紀伊郡		27470
1320	春命女	縁懐		東大寺寺中	屋敷地	27523
1321	藤原氏女	唯念	1段	近江坂田郡		27923
1322	尼心浄	沙弥如性	大12歩	紀伊和佐荘	寄進状	27959
1323	尼円心	阿闍梨成賀(夫ヵ？)	1町	近江法花寺		28353
1325	菊女	弥陀次郎	1段70歩	大和大野荘		29286
1326	尼連阿	僧浄真阿	2段	紀伊隅田荘	寄進状	29309
1326	若松女	良円(相知)		東寺巷所		29434 29485
1332	紀氏女	由良孫三郎景長	計6町9段	武蔵男衾郡他	寄進状	31714
1333	藤原氏女	屋形(宇佐)宗智	計2町7段余	豊前下毛郡		31838 31977
1333	勢至女	蓮道	計4段	紀伊官省符荘		32169

注1　表中の史料番号は『鎌倉遺文』の番号を示す。
　2　このほかにも女性名義の売券・譲状・寄進状などは多数存在するが、既婚者か否か判別しえないものは、すべて除外した。同様に、夫ではなく子息と連署した売券なども、とりあえず除外した。

て別々の姓を用いていた。これこそまさに、言葉の真の意味での夫婦別姓にほかならない。姓は氏の名（氏名）であって家名ではないため、夫婦が同一の姓を名のる必然性はない。たとえば表17の一番上の例で言うと、夫が大中臣氏で妻が藤井氏といったように、夫婦はみずからがそれまで属していた氏の姓を、結婚後もそのまま使用し続けたわけで、女性も氏集団のメンバーとみなされていたことが、夫婦別姓の大前提となっている。

飯沼氏によると、氏女は実家との結びつきの強さをあらわす呼称とのことだが、姓が家名でないことから考えると、実家との結びつき云々というよりも、むしろ父親が属する氏《うじ》集団との結びつきの強さのあらわれだと言った方が、より実態に近いのではなかろうか。

いずれにしろ、夫婦同苗字の室町時代とは異なり、鎌倉時代以前の社会は夫婦別姓が一般的だったのである。「夫婦同姓」（夫婦同苗字）の「伝統」なるものは、さすがに一〇〇〇年よりは長いが、せいぜい五〇〇〜六〇〇年がいいところであった。

室町時代の女性名

今堀の「十羅刹奉賀帳」

ここでもう一度、姓や苗字ではなく、下の名前の方に話をもどそう。琵琶湖の南岸、現在の滋賀県八日市市郊外に、得珍保今堀郷《とくちんのほういまぼりごう》と呼ばれる村があった。この村は、中世の惣村《そうそん》史や商業史においてとても著名な村で、同地の鎮守である十禅師社（現在の日吉神社）には膨大な量の古文書が残されている。

さて、『今堀日吉神社文書《いまぼりひえじんじゃもんじょ》』の中には、たくさんの女性名が載っている史料がいくつか存在する。その一つが一四九七年（明応六）の「十羅刹奉賀帳《じゅうらせつほうがちょう》」（『今堀日吉神社文書集成』三一六）である。十羅刹（十羅刹女）とは鬼子母神《きしもじん》とともに法華経《ほけきょう》の受経者を守る一

○人の神女のことで、おそらく、その神像を作る費用を捻出するために、全住民に「奉賀帳」をまわして寄付を募ったのではないかと思われる。

表18を見るとわかるように、寄付をすることによって十羅刹女に結縁《けちえん》した住民の中には、かなりの数の女性が含まれているが、これはこの神の性格に起因している。中世の仏教思想においては、女性は五障《ごしょう》（五つの障害）を持った罪深い存在であり、そのままでは成仏することができないとみなされていた。そして、そんな女性差別の思想を全面的に肯定した上で、女性を男性と同様に成仏させる唯一の方法として喧伝されたのが、「変成男子《へんじようなんし》」であった。

「変成男子」とは、法華経の功徳《くどく》で死に臨む女性の五障を取り除くことによって彼女を男性に変身させ、「女人成仏《によにんじようぶつ》」を遂げさせようとするものだが、結果として、法華経はたくさんの女性の信仰を集めることとなった（平雅行「中世仏教と女性」）。

十羅刹女がその法華経の受経者を守る神であることからすると、神像を作るにあたり、一部の者を除いてごくわずかの額であったにせよ、多数の女性が出銭に応じたのは、けだし当然の成り行きだと言える。

表18　戦国時代の今堀における女性名

類型	「十羅刹奉賀帳」(1497年)の女性名	「神田納帳」(1561年)の女性名
童名など	チイ女、嫁女、石女、寅若女、児女、赤口市女、鶴女、小ねね女、馬の犬女、辰若女、猿女、犬若女、大池女、ウコ女、門岩女、アコ女、ねね女、猿若女、駒女、若女、若石女、犬女	初女、弥後家、奥児女
男性名＋「女」	衛門太郎女、牛二郎女、刑部二郎女、三郎兵衛女、兵衛女、源左衛門女、五郎衛門女、刑部太郎女、道金女、卯法師五郎女、四郎左衛門女、馬太郎女、カカ衛門女、左近二郎女、兵衛太郎女、左近女、又二郎兵衛女、介太郎衛門女、又太郎女、衛門女、兵衛五郎女、藤左衛門女、若左衛門女、左近三郎女、平内女、左近太郎小名、石太郎女、タホ三郎女、又三郎女、三郎左衛門女、衛門五郎女、孫太郎女、弥二郎女、駒二郎女、衛門三郎女、四郎太郎女	東衛門尉女、助衛門女
法名	妙見禅尼、小比丘尼、尼女、妙幸女、妙珍、妙泉、	尼女

「奉賀帳」と比べるとはるかに少ないものの、同じく今堀において女性名が散見する史料として、一五六一年（永禄《えいろく》四）の「今堀郷神田納帳」（『今堀日吉神社文書集成』五九二）があげられる。一般に中世、特に室町時代の帳簿類に記された年貢・公事《くじ》などの負担者は男性であり、女性が実際に年貢・公事を負担したとしても、名義上は夫や父など男性名義となることが多かった。

「神田納帳」の世界

ところで、室町時代の今堀には、十禅師社を経済的に維持するための神田が存在した。その田を保有する者は、面積などに応じて一定量の公事米を納入する義務を負ったが、神田保有者の人名と、各々の公事米負担量を書き連ねた帳簿が「神田納帳」に他ならない。今堀にはこうした「神田納帳」が何冊も残されているが、多くの「納帳」はやはりほとんどすべてが男性名となっている。ところが、表18からもわかるように、永禄四年の「納帳」に限り、なぜか男性名にまじって女性名もいくつか見うけられるのである。

おそらく、名義上は男性名であっても、実際には後家《ごけ》となった女性が公事米を納入しているケースは、他の年の「納帳」でもあったはずだが、その事実を何らかの事情で公式に帳簿上に記載したのが永禄の「納帳」だったのではなかろうか。

もう一度、表18を見てみよう。同表によると、「奉賀帳」と「神田納帳」に記載されている一五世紀最末期〜一六世紀の今堀の女性名は、大きく三つの類型に区分できそうである。

「奉賀帳」と「神田納帳」に見る女性名

第一のグループは石女、虎若女、馬の犬女、辰若女、さる女、門岩女、辰石女、岩平女、猿若女、犬女、駒女といった名で、鎌倉時代にもたくさん見かけた童名を中心とする。

第二のグループには兵衛女、源左衛門女、五郎衛門女、道金《どうきん》女、刑部太郎《ぎょうぶたろう》女、四郎左衛門女、馬太郎女、左近二郎女、東衛門尉女、助衛門女など男性の名の後ろに女をつけた名を分類した。この男性は、夫のケースと父のケースのいずれも考えられる。

第三のグループは妙賢禅尼《ぜんに》、小比丘尼《びくに》に代表される、髪を剃って尼さんとなった者が名のる法名《ほうみょう》のグループである。もちろん、専業の尼僧というわけではなく、法名の男性と同様に、ある程度の年齢に達して、在俗のまま仏門に入った女性が、第三グループの主流をなす。

剃髪《ていはつ》の契機としては、夫婦で隠居したケースと、夫の死去によって後家となったケースとがあげられよう。前節の事例1で取り上げた江口道仙・同妙珠禅尼の例は、前者にあたる。隠居して家督を嫡男に譲った老夫婦は、母屋の裏手に建つ寺庵に移り住み、お互いに剃髪して法名を名のり、仏事に勤《いそ》しんだ。

これに対し後者の後家尼であるが、庶民の場合、鎌倉時代の段階においては離婚と再婚がかなり頻繁に行われており、夫の死去後に妻が再婚することも間々あったため、必ずしもみなが後家尼となって夫の菩提《ぼだい》を弔うとは限らなかった。

だが、室町時代に至り、妻が夫の家に入る嫁取り婚が一般化すると、夫の死後再婚せずに、子どもが成人に達するまで後家として家を守ることが、妻の義務とみなされ始める。その義務の中には、当然のことながら夫や先祖の菩提を弔うことが含まれるが、こうして、室町時代には剃髪して法名を名のる後家尼の姿が、そこかしこで見うけられるようになった。

童名型女性名の一般化

ところで、室町時代の女性の社会的地位を論じるに際しては、第一グループと第二グループの女性名を検討する必要がある。

まず、第一グループに目を向けると、「平安～鎌倉時代の女性名」の節でも触れたように、少女時代の童名《どうみよう》を成人後も用い続けることは、大人になっても一人前とはみなされないという事実を意味する。確かに、鎌倉時代においても生涯童名を使わざるをえない女性は存在したが、それはあくまでも一部の女性に限られていた。貴族や武士の女性はもとより、一般庶民レベルの女性でも、氏女型の名、排行＋女型の名、〇〇女房型の名などが、おのおのそれなりのパーセンテージを占めていたことは、先に見たとおりである。

一方、室町時代、特に戦国期になると、文書などに見える数少ない女性名のうちの、かなりの部分が童名となる。これは、女性の社会的地位が低下し、子どもとともに「半人前」扱いされるようになったことのあらわれ（「女・子ども」視）だと思われる。

「男性名＋女」型の名の登場

次に第二グループの名前だが、男性名のあとに「女」（「妻」「母」「娘」の時もある）をつけた一連の名前もまた、女性の社会的地位の低下を如実に物語っている。なぜならば、このような名の登場は、家を代表する家長―夫であれ父であれ嫡男であれ―との関係性で、女性が把握される事態が進行したことを示すからである。

つまり、こうなると女性はみずからの名前を喪失し、夫や父親らの付属物とみなされることになったわけで、おそらく、この段階の女性は、公的には「男性名＋女」型の名を、私的には成人してもなお童名を名のっていたのではないかと思われる。

以上のように、第一グループと第二グループの名前は、いずれも室町時代に女性の社会的地位が大きく低下した結果、一般化した人名だと言うことができる。ここに至って、成人男性のみを「一人前」の「人」として公的に把握し、女、子ども、そして老人を排除する社会体制が確立をみることになった。

名前と社会

家名と家制度

本書のオリジナリティー

これまで、鎌倉時代から江戸時代はじめにかけての庶民の名前、なかんずく室町時代のそれについて、「姓と苗字」「男性の名前」「女性の名前」の順でいろいろと述べてきた。本章では、当時の人々の名前を詳しく調べることによって、一体何をどこまで明らかにしえたのか、もう一度紙幅をとって整理し直すとともに、あわせて、やや説明が足りなかった点に関しても補足することにしたい。

本書を通読した読者の方々には、もうおわかりいただけただろう。人名の分析という、まだあまり手垢がついていない手法を用いて、四〇〇年も五〇〇年も昔の庶民社会の実像を浮き彫りにしようとした本書において、首尾一貫して重視し続けた、いわば本書のオリジナリティーとでも言うべきものは何か。強いてあげるとすれば、それは姓から苗字、氏名から家名への転換の問題と、家制度の確立過程の問題とは、リンクしているという事実に着目した点である。

苗字は屋号と化した字《あざな》（通名）とともに、子々孫々に至るまでの超世代的な永続を何よりも希求する日本の家に固有の名前、すなわち家名であって、決して個人の特定を直接の目的とした「個人名」ではなかった。いずれにしろ、苗字をはじめとする家名の成立過程に分析のメスを入れることで、一部の保守的な論者が「悠久の昔からの日本の伝統」と称して憚《はばか》らない家制度が、実は戦国時代頃に確立したにすぎないという事実を解き明かそうとした点こそが、本書の最大の特色だと言っても過言ではない。

家の定義

ここで家名と家制度の関係について考える際の前提として、まずは家とは何か、その定義をはっきりさせることから始めてみよう。

日本の家制度に関しては、これを「悪しき封建制の名残」とみなし、近代化がきわめて不十分だった「遅れた日本社会」の象徴として否定的に評価する、敗戦直後の大塚久雄氏や丸山真男《まさお》氏らのいわゆる近代主義的な研究以来、社会学、政治学、経済学、法学、文化人類学、歴史学をはじめ、さまざまな学問分野で研究が進められている。

そして、高度成長期を経た一九七〇年代以降、日本がアメリカ合衆国に次ぐ世界第二位の経済大国にのし上がったことで、もはや誰ひとり「後進国」などとは思わなくなった。「遅れた日本」を強調する近代主義的な認識が色あせてしまうと、「後進性の象徴」「克服すべき対象」とみなされていた肝心の家制度自体が姿を消しつつあることとも歩調を合わせ、家研究はかなり下火になったが、それまでは家の本質や定義をめぐって、諸学問間を隔てる垣根を越え、まさしく百花繚乱《りょうらん》の論争が繰り広げられてきた。

そんなわけで、学問の世界ではひとくちに家と言っても、家とは何かと言う定義が人によってまちまちであり、うかつなことは言いづらい状況にあるが、そうなると話が先に進まないため、ここでは日本の家をめぐるこうした一連の議論を交通整理して、一般の読者向けにわかりやすくまとめられた、社会学者鳥越皓之《ひろゆき》氏の見解に耳を傾けてみたい。

鳥越氏は、諸民族に共通する通文化的な学術用語としては家族を、日本という特定民族の個別性を視野に入れて考える時には家を用いるとことわった上で、家の特色として次の三点をあげている（『家と村の社会学』、一一ページ）。

①　家は家の財産としての家産をもっており、この家産にもとづいて家業を経営している一個の経営体である。
この特徴は、農家や漁家・商家を想起すれば容易に首肯されよう。たとえば農家は土地という財産をもっており、これにもとづいて農業経営をしているからである。

（中略）

②　家は家系上の先人である先祖を祀《まつ》る。
私たちは先祖祭祀《さいし》を重視する民族である。地方都市にいくと、かならず二、三軒のおおきな仏具店をみつけるが、商売がなりたっていけるのか、と私のアメリカの友人がいぶかったことがある。たしかに、あまり広くない団地住まいの家庭でも、りっぱな仏壇と多くの位牌《いはい》が安置されているのをみかけることがある。（中略）

③　家は世代をこえて直系的に存続し、繁栄することを重視する。
つまり私たちは、家の永続を好む民族である。一般に家族は夫婦の死亡とその子どもの結婚によって消滅すると考えられている。これはいわゆる夫婦家族（核家族）の発想である。しかしかなりの民族がそうであるように、日本民族も生活の基本単位である家族の永続を願う。（後略）

右に記した鳥越氏の指摘をも参考にしつつ、かつて私も無理は承知の上で、日本の家について、次のように定義した（『村の戦争と平和』〈『日本の中世』第一二巻〉、一二四ページ）。

家とは、家名や家産、家業などを父から嫡男へと父系の線で先祖代々継承することによって維持される永続的な経営体のことである。

家名の役割と成立時期

さて、家をめぐる問題を論じる上で何よりも重要なことは、世代を超えた家の永続を人々に認識させる役割を、苗字をはじめとした家名が担ったという事実である。そもそも家と呼ばれる目に見えない組織が何代にもわたってずっと続いていることを人々が実感しえたのは、ひとえに家名が代々受け継がれているからであった。

本書ではこうした家名として、苗字および屋号化した字《あざな》を取り上げ、おのおのがいつごろ成立したかを、山国荘《やまぐにのしょう》・菅浦《すがのうら》・粉河荘《こかわのしょう》東村などの実例に即して論じてきたわけだが、結論的には苗字にしろ屋号にしろ、それが成立するのは早い例で一四世紀の後半、一般化するのは一五世紀後半から一六世紀前半あたりだと考えて、まず誤りないと思われる。

また、このうち屋号については、菅浦や粉河荘東村のそれをもとに、実際にどれくらいの期間用い続けられていたかといったことも調べ、菅浦においては中世の史料に頻出する字のうち、江戸時代末まで伝えられたものがおよそ三分の二弱、今日まで継承されたものがおよそ四分の一強にのぼる事実を明らかにした。一方、粉河荘の東村においては、一六世紀の初頭から数えて少なくとも四〜七世代程度、年数にしておおよそのところ一〇〇年から二〇〇年ほどの間、同一の字が父子で継承されたことが判明した。

さらに、山国荘住民の苗字に関しても、室町時代に成立した苗字のうち、五〇を超えるそれが近代以降にまで伝えられ、今日においても、私が親しくさせていただいている地元の方々の中には、西さん、井本さん、津原さん、菅河《すがわ》さん、鳥居さん、藤野さんをはじめとして、中世の史料にもその苗字が記されている方々がたくさんいらっしゃる。

もちろん、少し考えれば誰にでもすぐにわかるように、いかに家の永続を望んだとしても、後継者がいなかったり、経営が破綻したりして、家が断絶してしまうこともたびたびあったと思われる。一度絶家《ぜっけ》した家が、村のはからいでしばらくたって再興されることも、これまたよく見うけられる光景ではあったが、いずれにしろ、世代を超えて家を永続させることは、実際のところかなりの困難をともなうものであり、並大抵の努力では不可能なことだった。

それは、菅浦のケースを見ても、およそ三分の一の屋号が幕末までに消えうせ、四分の三近くの屋号は今日に伝わらなかった点からも明らかだと言えるが、ここで重要なのは、たとえ現実には家の永続がきわめて困難なことだったにしても、少なくとも村人たちの意識の中には、何としても未来永劫に至るまで家を存続させたいという切なる願いが確実に存在した点である。

江戸時代以前はもとより、柳田国男《やなぎたくにお》が民俗学の研究を進めた戦前の段階においても、お葬式をはじめ、初七日、四十九日、三回忌、七回忌といった法要や、お仏壇に位牌を祀っての毎日の「おつとめ」を子孫がきちんと行い、死者の霊魂を手厚く弔うことによって、死霊はしだいに仏となり、家と子孫の繁栄を見守ってくれるようになると、人々は本気で考えていた。

逆に言えば、もし弔う子孫がいなければ、死霊は成仏できずに幽霊となり災いをもたらすわけで、村人たちはみずからが祖先に対してそうしたように、自分が死んだあとは子孫によって弔ってもらうことを願い続け、そのために何がなんでも家が永続するよう、努力を惜しまなかった。

息子がいなかった場合、娘に婿をとって家を継がせたり、たとえ親戚筋にあたらない者であっても養子に迎えて跡取りにしたりといった事実は、家の永続による祖先祭祀の継承を何よりも重んじる日本の家に特徴的なことで、中国や韓国の家族制度では考えられないが、こうした事情を踏まえると、家という組織の永続を示すシンボルそのものであった家名がはたした役割は、ことのほか大きかったと思われる。

家の成立期をめぐる見解対立

これまで私は、室町時代を通じて庶民のレベルでもしだいに家名（苗字・屋号）が用いられるようになり、最終的には一六世紀の戦国期に家名の使用が一般化したと述べてきた。それはすなわち、ちょうどその頃に貴族・武士はもちろんのこと、人口の圧倒的多数を占める庶民に至るまで、父より嫡男へと父系の線で先祖代々受け継がれる家が確立したという事実を意味する。

だが、以上のような見解は、両側からの批判にさらされている。一方の側は中世のごく初期、時代で言うと鎌倉時代どころか平安時代後半の院政期頃（一一世紀の後半～一二世紀）には、すでに封建社会を支える小農民の農業経営が家という形をとって成立していたとするもので、古代史の研究者や中世前期史の研究者に比較的多い見解だと言える。

これに対しもう一方の側は、近世史の研究者の多くが支持する見解で、高校の日本史教科書でもお馴染みの、豊臣秀吉が行なった「太閤検地《たいこうけんち》」によって、はじめて封建社会が成立し、中世において奴隷的な境遇にあった貧しい下層民がまがりなりにも自分自身の経営を持つようになって、封建社会の小農民として自立を遂げたとみなす。そして、それから半世紀ほどたった一七世紀の後半には、それらの小農民クラスの農業経営もようやく安定して、先祖代々続く家になったと考える。

つまり、前者は「一六世紀などとんでもない。遅くとも一二世紀には庶民の家が確立していた」と主張し、後者は「一六世紀の戦国時代には一部の有力な上層住民は、確かに家を構えていたかもしれないが、彼らのまわりには、家と呼べるものなど持てるわけもない、不安定で奴隷的な下層民がたくさんいた」と主張するのである。

戦国期を重視する本書の立場に異論を唱える両説のうち、一二世紀に家の成立を求める説について言えば、そもそも自立した小農民による安定的な農業経営などが、平安時代に存在したかどうかもかなり疑問だが、仮にその段階に小農民の経営体が存在し、それが家と呼ばれたとしても、この家の土地財産は兄弟姉妹全員を対象とする分割相続によって次の世代にはバラバラになってしまい、単独相続の制度にもとづいて父親から嫡男に家産が伝えられることなどありえなかった。また、当時は夫婦別姓の時代であり、先祖代々継承される家名も、当然のことながら存在しなかった。

ひとことで言うと、日本の家を特徴づける家名や家産の世代を超えた永続がないわけで、史料用語に家とあったからといって、それをもって日本人の意識と生活を規定した江戸時代以降の典型的な家制度の起源とみなすわけにはいかないのである。

これに対し、鎌倉時代はもとより、戦国時代に至っても下層民の経営はきわめて不安定で、とてもではないが永続的な家など構えることができなかったはずだとする近世史の側からの批判もある。これについては、戦国時代の山国荘住民の苗字にしろ、菅浦住民の屋号にしろ、決して一部の上層住民のみのものではなく、宮座の座衆と目される多くの中層住民までをも含む、かなり広範な村人によって用いられていた（非座衆の下層住民は、それほど数多くはなかった）という、本書でも明らかにした事実をもって、私なりの答えとしたい。

「東アジア伝統社会論」と小農民の自立

ここまで、室町時代に家制度が登場して以降、同じく東アジアの漢字・儒教文明圏に属しながら、中国・韓国と日本とでは、家督相続をめぐる問題でも、姓・実名をめぐる問題でも、かなり異なる道を歩み始めた事実を明らかにしてきたが、その一方で、両者の間には見すごすことができない、重要な共通項も存在した。

こうした共通項に目を向けたのが、いわゆる「東アジア伝統社会論」である。それは、朝鮮史研究者の宮嶋博史氏や中国史研究者の岸本美緒氏らによって提唱されているもので、ひとことで言うと、宮嶋氏の場合は一四〜一七世紀頃、岸本氏の場合は一六〜一八世紀頃を境に、今日の私たちが自国の「伝統」だと考えるような社会システム・生活文化・習俗などが、東アジアの諸地域でほぼ同時期に形成されたと見る説だといえる（宮嶋博史「東アジア小農社会の形成」、岸本美緒「現代歴史学と『伝統社会』形成論」）。

その際、宮嶋氏は経済史の立場から、東アジア諸地域においてなぜこの時期いっせいに「伝統社会」が成立したのかを問い、日本でも朝鮮でも、経済的・政治的な面で自立した小農民の経営が、ちょうどその頃確立したことが、「伝統社会」の形成に大きな影響を与えた可能性が高いと述べた。

つまり、何らかの政治的な意図を持つ、持たないにかかわらず、「中国四千年の伝統」とか「日本古来の伝統」とかいったように、悠久の昔から超歴史的に連綿と続く「民族の伝統」なるものを声高に吹聴することはできないのであって、その多くは小農民の自立が達成されて以後、高々四〇〇〜五〇〇年の「歴史と伝統」にすぎないとみなすのである。

「日本の伝統」と言えば、まずは本書で論じた家制度が思い浮かぶが、家制度の歴史を四〇〇～五〇〇年と見る本書の結論は、右に示した「東アジア伝統社会論」の見とおしを補強する。ただし、宮嶋氏は従来の日本近世史の「常識的な理解」にしたがって、日本における小農民の自立期＝「伝統社会」の成立期を、江戸時代初頭の一七世紀に求めるが、日本の場合、小農民の自立よりもむしろその経営が家として代々継承されることの方が「伝統社会」の形成にとって重要だとすると、遅くも一五世紀中には小農民が自立を遂げ、一六世紀の戦国時代あたりに彼らのレベルでも家が形成されて、「伝統社会」が成立したと考えた方がよいのではなかろうか。

「進歩・発展史観」か「伝統社会形成論」か

もう一度、話を家の成立期をめぐる見解対立にもどそう。先にも触れたように、戦国時代に永続性を持った家が成立したとする本書の見解に対しては、両側からの批判がなされているが、この二つの批判は、一見両極端に見えて、実は重要な共通点を持っている。それは、どちらも生産力の「発展」（経済の「発展」）にもとづく、奴隷制社会から封建制社会への「進歩・発展」と軌を一にして、庶民の家が成立するという図式的な理解に立っているのである。

封建社会と家制度を結びつけるこうした理解は、意識すると否とにかかわらず、日本の家制度をもって「悪しき封建制の名残」と見る、丸山氏や大塚氏以来の近代主義的な発想を、いまだに引きずっているものだと思われるが、そもそも家制度の問題は、奴隷制・封建制・資本制といった、社会構成の「進歩・発展」の問題と本当にリンクしているのだろうか。

結論を述べると、家制度の問題を封建制とリンクさせ、社会構成の「進歩・発展」の観点からとらえるのは誤りであって、この問題はむしろ「東アジア伝統社会論」の観点からとらえるべきだと思われる。

なぜならば、一六世紀に成立した家制度は、幕末・明治維新の変革に端を発する近代化政策によって封建制社会が崩れ、新たに資本制社会が形成されても壊れることがなく、むしろ見方によれば強化されさえして存続し、二〇世紀後半の高度成長期あたり（見方によっては二〇世紀末）をもって、ようやく終焉を迎えたからである。

確かに、農業をはじめとする生産力の「進歩・発展」によって、それまで不安定だった小農民の経営が安定化し、これが永続的な家の成立に帰結した事実まで否定するつもりはさらさらないが、さりとて、「家社会」の成立と封建制社会の成立とは、必ずしもイコールで結べるわけではない。前者、すなわち「家社会」の成立の問題は、社会の「進歩・発展」と直接かかわる問題ではなく、庶民の集合心性（マンタリテ）や社会的結合（ソシアビリテ）、日常的な生活文化や習俗、非日常的な儀礼など、強いて言えば歴史の深層部に横たわる、なかなか変化しにくい部分、社会史と呼ばれる新しい歴史学を開拓した、フランスのアナール学派の中心人物フェルナン・ブローデルにならうと、「長期持続」の部分にかかわる問題だと言うことができる。

つまり、鎌倉時代以前の「プレ家社会＝プレ伝統社会」は、室町時代を通じてゆっくりと変化し、一六世紀には「家社会＝伝統社会」が確立する。この変化は、同じく社会の変化と称しながらも、奴隷制社会から封建制社会へ、封建制社会から資本制社会へといった、生産力の「進歩・発展」を前提とした、支配階級と被支配階級間のタテの社会関係の段階的な変化＝社会構成の「進歩・発展」とは、根本的に次元を異にするものである。氏から家へという、言うなれば「進歩」でも「発展」でもない、社会の基礎単位となる族集団の構成原理の単なる転換にすぎない。

そして、この「家社会＝伝統社会」はしばらく「長期持続」した後、二〇世紀後半の高度成長期から二一世紀初頭の今日に至る約半世紀の間に再びゆっくりと形態転換を遂げ、

「ポスト家社会＝ポスト伝統社会」へと移行するのである。

当然のことながらこうした社会の変化は、私達の人名のあり方にも必ずや大きな変化をもたらすものと思われる。その行き着く先はいまだに定かではないが、いずれにせよ、近年の「夫婦別姓」反対論は、「家社会」のシンボルといえる家名としての苗字の役割を何が何でも維持しようと目論《もくろ》む「家社会」護持論者による、いわば最後の抵抗だとみなせよう。

名前からわかる社会秩序と習俗

本書で明らかにしたことは、家名と家制度の問題にとどまらない。それ以外にも三つほど、本書のいわばモチーフにあたるものがある。その三つのモチーフとは何か。

三つのモチーフ

第一に、人名と身分秩序の関係に目を向けた点は、あらためて強調したい本書の大きな特色だと言える。今日の日本社会のあちらこちらに見え隠れする大小さまざまな、いわれなき差別や不平等は、もちろん看過しえない問題だが、これは本書のテーマからはずれるので、とりあえずヨコに置いた上で本題にもどると、私たちが生活する近代の社会は、少なくとも法律的・制度的な面では身分差別がそれほど顕著ではない。そして、表向きの建て前論にすぎないといった批判の声も聞こえてくるものの、近代国家はおしなべて、すべての国民の法のもとでの平等を、とにかくも基本的人権にかかわる固有の理念として高々と掲げているわけで、そこでは、人名から身分の違いを読みとるなどという試みは、はっきり言って徒労に終わらざるをえない。

これに対し、貴賤上下の身分差別があってあたりまえの、不平等な身分制社会である前近代の日本においては、村社会のレベルでも厳しい身分秩序が明瞭に存在したが、人名は烏帽子《えぼし》や服装と同じく、こうした身分秩序を人々に実感させ、それを受け入れさせる上で、重要な役割をはたした。言い換えれば、人名や烏帽子、服装といった身分標識が機能することによって、「分相応」「分をわきまえる」の「分」、すなわち目に見えない身分秩序ははじめて表象されるのである。

第二に、人名と年齢階梯《かいてい》のかかわりをクローズアップしたことも特筆に値する。この点は飯沼氏らも述べられているところだが、子ども時代の童名《どうみょう》、「烏帽子成り」という成人儀礼を済ませ、宮座《みやざ》のメンバーとなった若衆が名のる成人名、「官途成《かんとな》り」の儀礼を済ませ、老衆《おとなしゅう》（乙名衆）に列した者が用いた官途名、そして「入道《にゅうどう》成り」によって剃髪《ていはつ》し、老衆の最上位を占めた者に与えられた法名《ほうみょう》といった具合に、当時の村人は年齢階梯にもとづいてステップアップするにしたがい名前を変えた。これまた、人名と前近代の社会の関係を物語るに際しての重要な切り口とみなすことができる。

第三に、室町・戦国時代にしろ江戸時代にしろ、人名のあり方からジェンダーの問題を垣間見《かいま》ようとした点も、本書ならではの試みとしてあげられる。先にも述べたことだが、たとえば、宮座のメンバーになることができない女性は、生涯、子ども時代の童名でとおさねばならず、その点で、年齢階梯にもとづくステップアップによって名前を変え、子どもから一人前の大人＝社会「人」へと成長を遂げる道が開かれている男性（正確には宮座成員の男性）とは明らかに区別された存在だった。

また、家制度が確立し、家長である男性のみが家を代表するようになると、宮座だけでなく、原則としてすべての公的な場に参加しえなくなった女性は、○○の妻、××の母、△△の娘といった具合に、家長たる男性の付属物として表象され、みずからの名前すら名のれないケースも増えた。

これこそまさに、社会の公的領域に男を、私的領域に女をおのおの配分し、それによって男と女の社会的・文化的な性差を人為的に創出・固定化する装置＝ジェンダーそのものだと言えようが、見てのとおり、人名はジェンダーにもとづいた差別を表象する機能を有していた。

以上のごとく、身分秩序、年齢階梯、そしてジェンダーは、前近代における名前と社会のかかわりをメインテーマに据えた本書の内容を支える三本の柱として位置づけられるのである。

三本柱の相互関係

次に、身分秩序、年齢階梯、ジェンダーという三本柱の相互関係について、もう一度まとめ直してみよう。

先にも述べたことだが、前近代の社会は基本的に身分制の社会であり、それは人名の違いからもはっきりとわかった。たとえば、宮座のメンバー（座衆）になれる者とメンバーになれない者とでは明確に人名が異なっており、後者の中には、葛川における一部の浪人のように、成人しても童名でとおさざるをえない人々も少なからずいた。宮座のメンバーとなることができない下層民は、名前を変えることによって社会的な地位を向上させ、一人前の「オトナ」＝社会「人」としての扱いをうける機会を、はじめから奪われていたのである。

ところで、ここまで読んで気づいた読者も多いことと思うが、生涯童名のままで、改名による社会的地位の向上を拒まれている者としては、まっさきに女性をあげることができる。一般に前近代の場合、社会的な地位の問題は身分秩序の問題と分かち難く結びついているが、改名をすることができなかった女性や下層民は、社会「人」とはみなされない存在として、身分秩序の最底辺に位置づけられていた。

つまり、室町時代〜江戸時代において、男は公的領域を担い、女は私的領域を担うという、社会的・文化的に構築された性差＝ジェンダーにもとづく男女の「役割分担」があった。その結果生じた両性の社会的地位の差異の問題は、宮座の成員権の有無を基準とした身分の違い（座衆身分と非座衆身分）として、より具体的には、名のれる名前の違いとして表面化したのである。そして、それは下層民に対する身分差別と、現象的にはまったく同質のものであった。

さらに、年齢階梯の問題もまた、身分秩序の問題を抜きにしては語ることができない。「男性の名前」の章でも詳述したように、室町時代の菅浦《すがのうら》の村をめぐっては、これを年齢階梯にもとづく平等組織とみなす、田中克行氏に代表される立場と、社会的な階層構造に規定された不平等組織とみなす立場との間で対立があり、見解の一致をみていない。はたして年齢階梯原理にもとづく組織は、身分的な差別のない真に平等な組織だと言えるのだろうか。

この点について本書では、宮座に関する薗部寿樹氏の研究をも踏まえつつ、座衆（中・上層住民の成人男子）と非座衆（下層住民とすべての女性）の間の制度化された身分的区別だけではなく、座衆の内部においても、必ずしも制度化されてはいないものの、目に見えない身分秩序が存在していたことを明らかにした。なぜならば、当時の宮座においては、「官途成り」をして老衆になるのにも、「入道成り」をして法名を名のり、老衆中のトップに君臨するのにも、多額の出銭（寄付）が必要であり、それ相応の経済力を有する上層住民（それも嫡男）でなければ、年齢階梯の階段を昇り詰めることは事実上不可能だったからである。

これは、一見したところ座衆の内部が平等な年齢階梯原理によって律せられているように見えて、実のところ、そこには社会的な階層差にもとづく身分秩序が厳然として実在したことを意味する。やや強引に今日の企業社会にたとえてみると、宮座の座衆と非座衆の関係が、正社員とパートタイム・アルバイトの関係にあたるとすれば、座衆内部における老衆と非老衆の関係は、同じく正社員でありながらも、総合職と一般職の関係にあたるのではないかと思われる。

以上のごとく、前近代の社会では、ジェンダーの問題にしろ年齢階梯の問題にしろ、究極的には身分秩序の差異として表象されることとなった。

家名と年齢階梯

ところで、当時の村人のうち、最下層の非座衆以外の者は、宮座での年齢階梯にしたがって人名を変更し、身分的なステップアップを遂げたわけだが、その一方で彼らのうちの嫡男が名のる名前は単なる個人名ではなく、代々世襲される家名（屋号）でもあった。個人のライフサイクルにもとづく人名の変化と、家名としての人名の固定化、この相反する事態は、いかにすれば統一できるのだろうか。

右の問題については先にも軽く触れたが、家名にあたる名前の襲名は、各家で勝手にできたわけではなく、原則的には宮座の場での通過儀礼を前提として行われたと思われる。したがってそこでは、「烏帽子成り」や「官途成り」（「大夫成り」）、「入道成り」によって、特定個人の人名が変化したわけだが、おそらく、老衆になりえる家の嫡男は、「官途成り」や「大夫成り」によって得られた官途名または大夫名を、老衆になることができない家の嫡男は、「烏帽子成り」によって得られた成人名を、それぞれの家の家名としたのではなかろうか。

つまり、一見したところ宮座での年齢階梯によって変化する個人名のように見えながら、実際のところは各家の嫡男が名のりうる成人名や官途名、大夫名は固定しており、それは事実上の家名として先祖代々伝えられるようになったのである。

そろそろ本書も締めくくりの段階にさしかかりつつあるが、ここでもう一つ、名前をめぐる習俗について論ずることにしたい。

大河ドラマ「義経」と実名呼称

日曜日夜のNHKのテレビ番組と言えば、誰しもイの一番に大河ドラマをあげることだろう。大河ドラマも最近は若者離れによる視聴率の低下が目立ち、主役に若者に人気があるSMAPの香取慎吾やタッキー&翼のタッキー（滝沢秀明）を起用したりと、あの手この手で視聴率のアップをはかっているようだ。かくいう私はと言えば、ドラマはあくまでもドラマであり、ノンフィクションではなくフィクションであって、娯楽性がなければ話にならないと頭ではわかっていながら、なまじ歴史家の目で見てしまうせいか、やれあそこがおかしい、ここが史実と異なると、ついつい「揚げ足取り」に終始してしまい、途中で見るのをやめてしまうというのがいつものパターンだった。

さて今年（二〇〇五年）の大河ドラマは、ご存知のとおり「義経」である。タッキーこと滝沢秀明が演じる源義経はなかなかに凜々しく、そこでもつい、「義経はこんなに美男子ではなかったはずだ」などと余計なことを言いたくなってしまうが、このドラマは、近年の歴史学の成果をそれなりに踏まえた時代考証もなされている。そのことを認めた上で、

「揚げ足取り」ついでに本書の内容ともかかわる問題点を一つだけあげるとすれば、それは実名《じつみょう》の問題である。

「義経」を見ていると、「清盛さま」とか「頼朝さま」とか「義経どの」とか「秀衡《ひでひら》さま」とかいった実名呼称が、ごく当り前のようになされている。確かに、清盛のことを「六波羅《ろくはら》さま」「入道相国《にゅうどうしょうこく》」と呼んだり、頼朝のことを「介《すけ》どの」「鎌倉どの」と呼んだり、義経のことを「九郎どの」「御曹司《おんぞうし》」と呼んだり、秀衡のことを「御館《みたち》」と呼んだりするケースもけっこうあるが、私の印象では実名で呼ぶケースの方がどちらかというと多いように思う。

もちろん、今日の時点において、私たちが彼らのことを平清盛、源頼朝、源義経、藤原秀衡という具合に、姓と実名とで呼ぶことにまで反対するつもりはさらさらない。それは、中学や高校の歴史教科書をはじめ、歴史小説から学術書に至るまで、人々の間に広く流布しているお馴染みの呼び方でもあり、かくいう私自身、大学の入学試験でこうした解答をもって正解とする試験問題を出題している。

だが、視聴者にわかりやすくするためにはやむをえぬこととはいえ、少なくともドラマの中で当時の呼称に忠実であろうとしたならば、すべてではないにせよそのような呼び方をすることは、率直に言ってあまり適切ではないと思われる。なぜならば、本書でも詳しく述べたように、実際には特別な「ハレ」の場所や重要な公的書類などを除くと、姓と実名はあまり用いられず、ましてや他人（特に目下の者）が相手（特に目上の者）を実名で呼ぶなどということは、めったになかったからである。

本名忌避の習俗

戦前における著名な法学者であり、いわゆる「明治民法」を制定する際に表面化した「民法典論争」に、実弟の穂積八束《ほづみやつか》とともども、民法施行延期派の中心人物として積極的にかかわった穂積陳重《のぶしげ》は、その著書『実名敬避俗研究』において、日本には相手のことを本名（実名とすると「姓と実名」の実名に限定されてしまうので、ここではより幅広く、本当の名前という意味で本名と記す）で呼ぶのを非礼として避ける習俗が存在した事実を、具体的な実例にもとづいて明らかにした。そして、これは中国文化の影響を受けて制定された「いみ名」の制度とは異なる日本古来の習俗であって、むしろ世界の諸民族に普遍的に見うけられるタブーの一種であると結論づけた。

今から八〇年近くも前に穂積氏が着目した本名忌避《きひ》の習俗について、今日の研究レベルを踏まえて、より深く考察した文化人類学者の出口顯《あきら》氏によれば、老若男女を問わず、人の本名を他者が口にしてはならないという類のタブーは、世界各地でそれこそ枚挙に暇がないほどたくさん見うけられるものだという。このタブーの裏には、本名が他者に知られてその口にのぼると、名前の持ち主の主体性が他者の管轄下に置かれてしまうという人名観が存在するとのことである（『名前のアルケオロジー』六三〜六五ページ）。

右の問題に関し、個人名は各人の人格の一部分を構成するほどに重要なものなので、むやみに他者の名前を口にしてはならないのだといったような、よく耳にする理解に、出口氏は疑問を投げかける。そして、こうした理解とはまったく正反対に、本名を他者が口にした途端に、それが持つ固有性と主体性が、他者の支配下に置かれてしまうとみなす習俗が存在することによって、他者による本名の呼称を禁ずるタブーがまず作られ、結果として本名が誰の口にものぼらなくなったがために、その重要性が増すことになるとの理解を示した（同書六六〜六七ページ）。

日本の中世社会の場合、実際にはさまざまな字《あざな》や法名があり、それが本人を同定する役割をはたしたので、本名にあたる姓や実名が口にされなくともさほど困らなかったと思われる。いずれにしろ、本名は重要な名前なので他人による使用が禁止されるのか、はたまた使用禁止だからこそ重要性が増すのかといった、「卵が先か、鶏が先か」的な議論はとりあえずさておいても、中世において他人のことを「清盛さま」とか「義経どの」とか実名で呼ぶことはあまりなかったとする本書の見解は、以上のような本名忌避の習俗の中に位置づけることで、はじめて了解することができるのではなかろうか。

あとがき

本書においては室町・戦国時代を中心に、庶民の名前の特徴や、その社会的な役割について、さまざまな角度から論じてきた。書き終えてみて、一般の読者を想定した本なのにもかかわらず、堅苦しい内容になってしまったのではないかと正直危惧している。また、「名前に関する本」と聞いて、書店の店頭でよく見かける「あなたの苗字のルーツを探る」といった類《たぐい》の本を期待された向きには、残念ながら期待はずれに終わってしまったかもしれない。

今はただ、本書にこめた私なりのメッセージがひとりでも多くの読者に伝わったことを祈るのみだが、最後にもう一度だけ、きわめて私的なエピソードを書かせていただくことをお許し願いたい。

私が人名に興味をもったのは、今を去ること二十数年前、大学院の修士課程を修了して定時制高校の教員になった頃のことである。当時の私は、研究者としての道を歩むことに自信がもてず、迷いに迷った末にもうひとつの選択肢であった教員の道を選んで、神奈川県のとある定時制高校に赴任した。

私が足を踏み入れた一九七〇年代末の定時制高校の教育現場は、ひと昔前の「真面目な勤労学生が学ぶ場」のイメージからはほど遠い状況で、「教育困難校」のレッテルが貼られ、低学力、非行、いじめ、校内暴力、登校拒否、家庭崩壊など問題が山積していた。そのような厳しい教育現場においては、生半可《なまはんか》な気持ちではさまざまな問題を抱えている生徒たちと本気で格闘することなどできるわけがないとわかりながらも、私はといえば、なお研究への情熱も絶ちがたく、結局はどちらつかずで教育者と研究者の間を毎日右往左往していた。

そうこうする中、生まれてはじめて得たボーナスでたまたま購入した近江国葛川《かつらがわ》に関する史料集の興味深い内容に魅せられ、しばらくたって仕事にも少しは慣れてくると、私は出勤前のわずかな時間を活用して、中世葛川の研究に没頭するようになった。そこで中《ちゅう》八《はち》という人物と出会ったことが、私の研究者としての人生を決定づけた。

一四世紀前半の葛川に生きた中八父子の活動を浮き彫りにすることにより、私は葛川の上層住民の動向や村社会内部の身分秩序などを次々に明らかにしていったが、ある時、中八以外にも、中太郎、中三、中五、中七など、「中」の字がつく名前がいくつか存在することに気づき、同様に、「源」とか「平」とか「藤」とか「清」とかの字がつく名前も、おのおのかなりの数があるということも「発見」した。こうして私は、同じ漢字を含む姓《せい》型字《がたあざな》を名のっている住民はみな同姓者で、氏《うじ》と呼ばれる親族組織を構成していたのではないかと考えるようになり、以後、人名と親族組織の関係について研究を進めることとなった。

今にして思えば、ちょうどその頃、学界でも古代史・中世史を中心に、家族や親族の問題への関心が急速に高まったことや、私自身結婚して家族をもったことも、人名と親族の問題の研究に向かった要因としてあげられる気がする。

さらに、高校教員となって数年がたった一九八〇年代の後半、私は研究フィールドを葛川から丹波国山国荘《やまぐにのしょう》に変えたが、同地で史料調査にあたった際にお世話になった方々の多くが、室町時代の古文書に見うけられる苗字を、あたりまえに名のられている現実は、ひとつの驚きであり、結果として私は苗字の研究にも手を染めることとなった。

そんな私の人名研究がもう一歩進んだのは、国立歴史民俗博物館において一九九二年から三年間にわたって続けられた「日本人の名前と社会」と題する共同研究会のメンバーに加えていただいた時からである。そこでは、民俗学・文化人類学・法社会学・国語学・日本古代史・日本近世史、そして日本中世史の研究者が一堂に会して学際的な人名研究が行われたが、他の研究分野の方々の報告とそれにもとづく討論はとても新鮮かつ刺激的であり、自分の研究にとっても示唆に富むことがたくさんあった。それまで私の人名研究は、別の問題を明らかにするための単なる手段にすぎなかったが、この研究会に参加したことによって、はじめて名前そのものを真正面から研究する必要性を痛感した。

これらの成果が本書にどれくらい生かされているかは、いささか心もとないところもあるものの、何はともあれ本書を通読された読者のみなさんが、人名から社会のあり方を探るという本書の内容に少しでも興味を抱いていただけたとしたならば、筆者としてはこれにすぐる喜びはない。

なお、粉河荘《こかわのしょう》東村地域に伝わる「名つけ帳」の活字史料は『宇野脩平先生追悼録』に依拠したが、兵庫県立歴史博物館の小栗栖健治氏より、同書のコピーをご恵与いただいた。歴史民俗学を専攻する小栗栖さんとは、現在、国立歴史民俗博物館で行われている「宮座と社会」の共同研究会でご一緒しており、お会いするたびに何くれとなく便宜をはかっていただいている。ここに記して謝意を表したい。

最後に、まったく私的なことでいささか気がひけるが、いつも私が書いた文章の最初の読者として、的外れの時もなきにしもあらずだけれども、総じて意外と的確なコメントをくれる家族、妻の千鶴子と大学院で文化人類学を学ぶ息子敦志の二人にチョッピリ感謝して、筆をおくことにする。

二〇〇五年四月

新緑が眩い高尾山の麓の自宅にて

坂田　聡

参考文献

阿部武彦『氏姓』(『日本歴史新書』)、至文堂、一九六〇年

網野善彦『日本中世の民衆像』(『岩波新書』)、岩波書店、一九八〇年

飯沼賢司「人名小考」竹内理三先生喜寿記念論文集刊行会編『荘園制と中世社会』東京堂出版、一九八四年

飯沼賢司「女性名から見た中世の女性の社会的位置」『歴史評論』四四三、一九八七年

飯沼賢司「中世女性の名前について」『名前と系図・花押と印章』(『週刊朝日百科日本の歴史別冊・歴史の読み方』八)、朝日新聞社、一九八九年

飯沼賢司「「村人」の一生」日本村落史講座編集委員会編『日本村落史講座』六生活一、雄山閣出版、一九九一年

市村弘正『「名づけ」の精神史』みすず書房、一九八七年

井戸田博史『「家」に探る苗字となまえ』雄山閣出版、一九八六年

井戸田博史「夫婦の氏」中川淳先生還暦祝賀論集刊行会編『現代社会と家族法』日本評論社、一九八七年

今谷　明『歴史の道を歩く』(『岩波新書』)、岩波書店、一九九六年

上野和男・森謙二編『名前と社会』(『シリーズ比較家族』第二期三)、早稲田大学出版部、一九九九年

宇野脩平「紀州若一王子社の黒箱」宇野脩平先生追悼会編『宇野脩平先生追悼録』（私家版）、一九七一年
太田　亮『家系系図の入門』（復刻版）、新人物往来社、一九七七年
大藤　修『近世農民と家・村・国家』吉川弘文館、一九九六年
岡野友彦『家康はなぜ江戸を選んだか』（『江戸東京ライブラリー』九）、教育出版、一九九九年
岡野友彦『源氏と日本国王』（『講談社現代新書』一六九〇）、講談社、二〇〇三年
奥富敬之『日本人の名前の歴史』新人物往来社、一九九九年
折井美耶子「明治民法制定までの妻の氏」『歴史評論』六三六、二〇〇三年
加藤　晃「日本の姓氏」井上光貞他編『東アジアにおける社会と風俗』（『東アジア世界における日本古代史講座』一〇）、学生社、一九八四年
金子　哲「村の誕生と在地官途」勝俣鎮夫編『中世人の生活世界』山川出版社、一九九六年
柄谷行人『探求Ⅱ』講談社、一九八九年
岸本美緒「現代歴史学と「伝統社会」形成論」『歴史学研究』七四二、二〇〇〇年
黒木三郎他編『家の名・族の名・人の名』（『シリーズ家族史』三）、三省堂、一九八八年
坂田　聡「中世の家と女性」『岩波講座日本通史』八中世二、岩波書店、一九九四年
坂田　聡『日本中世の氏・家・村』校倉書房、一九九七年
坂田　聡「中世百姓の人名と村社会」『紀要』一八二、中央大学文学部、二〇〇〇年
坂田聡・榎原雅治・稲葉継陽『村の戦争と平和』（『日本の中世』一二）、中央公論新社、二〇〇二年

鈴木棠三『言葉と名前』秋山書店、一九九二年
瀬田勝哉『木の語る中世』(『朝日選書』六六四)、朝日新聞社、二〇〇〇年
薗部寿樹『日本中世村落内身分の研究』校倉書房、二〇〇二年
平　雅行「中世仏教と女性」女性史総合研究会編『日本女性生活史』二、東京大学出版会、一九九〇年
高木徳郎「粉河荘東村」山陰加春夫編『きのくに荘園の世界』下、清文堂、二〇〇二年
田中克行『中世の惣村と文書』山川出版社、一九九八年
崔　吉城「韓国人の名前に関する人類学的研究」上野和男・森謙二編『名前と社会』(『シリーズ比較家族』第二期三)、早稲田大学出版部、一九九九年
角田文衞『日本の女性名』上・中・下(『教育社歴史新書』三〇・四二・四三)、教育社、一九八〇年・一九八七年・一九八八年
出口　顯『名前のアルケオロジー』紀伊国屋書店、一九九五年
富沢清人他『日本経済史』(『有斐閣新書』B五八)、有斐閣、一九八二年
豊田　武『苗字の歴史』(『中公新書』)、中央公論社、一九七一年
鳥越皓之『家と村の社会学』世界思想社、一九八五年
フーコー、M(田村俶訳)『監獄の誕生』新潮社、一九七七年
星野澄子『夫婦別姓時代』青木書店、一九八七年
細川涼一「女性・家族・生活」歴史学研究会・日本史研究会編『中世社会の構造』(『日本史講座』四)、東京大学出版会、二〇〇四年

保立道久「巨柱神話と「天道花」」『ヘルメス』二六、一九九〇年
堀田幸義「近世武家社会における実名敬避俗と禁字法令」『史学雑誌』一一二―一〇、二〇〇三年
穂積陳重『実名敬避俗研究』刀江書院、一九二六年
洞　富雄「江戸時代の一般庶民は果して苗字を持たなかったか」『日本歴史』五〇、一九五二年
洞　富雄『庶民家族の歴史像』校倉書房、一九六六年
宮嶋博史「東アジア小農社会の形成」溝口雄三・宮嶋博史他編『長期社会変動』（『アジアから考える』六）、東京大学出版会、一九九四年
柳田国男『先祖の話』『柳田国男全集』一三（『ちくま文庫』）、筑摩書房、一九九〇年（初出は一九四六年）
柳谷慶子「日本近世の「家」と妻の姓観念」『歴史評論』六三六、二〇〇三年
義江明子『日本古代系譜様式論』吉川弘文館、二〇〇〇年
渡辺三男『日本の苗字』毎日新聞社、一九七六年

著者紹介

一九五三年、東京都に生まれる
一九八五年、中央大学大学院文学研究科国史学専攻単位取得退学
現在、中央大学文学部教授、博士(史学)

主要著書
日本中世の氏・家・村　村の戦争と平和　家と村社会の成立　民衆と天皇(共著)　古文書の伝来と歴史の創造(編)

歴史文化ライブラリー
211

苗字と名前の歴史

二〇〇六年(平成十八)四月一日　第一刷発行
二〇二一年(令和三)四月一日　第四刷発行

著　者　坂《さか》田《た》聡《さとし》
発行者　吉川道郎
発行所　株式会社 吉川弘文館
東京都文京区本郷七丁目二番八号
郵便番号一一三—〇〇三三
電話〇三—三八一三—九一五一〈代表〉
振替口座〇〇一〇〇—五—二四四
http://www.yoshikawa-k.co.jp/

印刷＝株式会社 平文社
製本＝ナショナル製本協同組合
装幀＝山崎　登

ISBN978-4-642-05611-3

歴史文化ライブラリー

1996.10

刊行のことば

現今の日本および国際社会は、さまざまな面で大変動の時代を迎えておりますが、近づきつつある二十一世紀は人類史の到達点として、物質的な繁栄のみならず文化や自然・社会環境を謳歌できる平和な社会でなければなりません。しかしながら高度成長・技術革新にともなう急激な変貌は「自己本位な刹那主義」の風潮を生みだし、先人が築いてきた歴史や文化に学ぶ余裕もなく、いまだ明るい人類の将来が展望できていないようにも見えます。このような状況を踏まえ、よりよい二十一世紀社会を築くために、人類誕生から現在に至る「人類の遺産・教訓」としてのあらゆる分野の歴史と文化を「歴史文化ライブラリー」として刊行することといたしました。

小社は、安政四年（一八五七）の創業以来、一貫して歴史学を中心とした専門出版社として書籍を刊行しつづけてまいりました。その経験を生かし、学問成果にもとづいた本叢書を刊行し社会的要請に応えて行きたいと考えております。

現代は、マスメディアが発達した高度情報化社会といわれますが、私どもはあくまでも活字を主体とした出版こそ、ものの本質を考える基礎と信じ、本叢書をとおして社会に訴えてまいりたいと思います。これから生まれでる一冊一冊が、それぞれの読者を知的冒険の旅へと誘い、希望に満ちた人類の未来を構築する糧となれば幸いです。

吉川弘文館